F
436

AF231708

ADDITIONS

AU

PETIT DICTIONNAIRE

DE DROIT

DALLOZ

ADDITIONS

AU

PETIT DICTIONNAIRE

DE DROIT

Publiées sous la direction de MM.

Gaston GRIOLET	**Charles VERGÉ**
Docteur en droit	Maître des requêtes honoraire

Avec la collaboration de

M. Henry WEBER, docteur en droit.

OCTOBRE 1913

PARIS

LIBRAIRIE DALLOZ

11, RUE SOUFFLOT

R. DE RIGNY, Administrateur

EXPLICATION DES ABRÉVIATIONS

L. Loi.

Décr. Décret.

Art. Article (d'une loi ou d'un code).

Code civ. Code civil.

Code de com. Code de commerce.

Code for. Code forestier.

Code d'instr. crim. Code d'instruction criminelle.

Code pén. Code pénal.

Code de proc. Code de procédure civile.

Code rur. Code rural.

V. n°s 24 et s. Voyez ce qui est dit sous les numéros 24 et suivants.

Comp. n° 30. Comparez, rapprochez ce qui est dit au n° 30.

ADDITIONS

AU

PETIT DICTIONNAIRE DE DROIT

JUSQU'AU 1er OCTOBRE 1913

Nota. — Ces *Additions* ont pour objet de tenir le *Petit Dictionnaire* au courant des principales modifications survenues, depuis sa publication, dans la législation et la jurisprudence. Il est, par suite, nécessaire, quand on consulte le *Petit Dictionnaire*, de s'assurer que les *Additions* ne mentionnent pas de règles nouvelles sur la matière. Cette recherche est facilitée par l'emploi aux *Additions* des mêmes mots qu'au *Petit Dictionnaire* et de numéros correspondant exactement à ceux où se trouve traité dans cet ouvrage le point spécial qui fait l'objet d'une modification. — Les *Additions* contiennent, en outre, quelques ERRATA au *Petit Dictionnaire*.

A

ABONNEMENT. — Convention bilatérale par laquelle on fixe à une certaine somme et pour un temps ordinairement limité des droits, services ou fournitures dont le produit ou le prix est incertain ou peut varier suivant les circonstances.

ABSINTHE. — V. Addit., *Boissons*.

ABUS D'AUTORITÉ. — Délit du fonctionnaire qui use de ses pouvoirs d'une manière dommageable, soit pour les particuliers, soit pour la chose publique. V. *Fonctionnaire public*.

ABUS DE JOUISSANCE. — Ce terme désigne les actes par lesquels une personne excède les limites du droit qu'elle a de jouir d'une chose. V. *Louage, Propriété, Servitudes*.

ABUS DE POUVOIR. — V. *Abus d'autorité*.

ACCIDENTS DU TRAVAIL

20 *bis*. Une loi spéciale, visant la soumission des exploitations forestières à la législation des accidents du travail, a été votée par la Chambre des députés le 15 février 1909. Elle est actuellement soumise au Sénat.

111 *bis*. Ligne 9, *au lieu de* : est constitué, *lire* : est alimenté. . . . .

112 *bis*. Ligne 9, *ajouter* : le capital constitutif de la rente est déterminé, pour la perception de la contribution, d'après un barème et dans des conditions qui ont été fixés par un règlement d'administration publique du 11 juin 1909. — La quotité des taxes dont il est parlé au n° 111 est modifiée chaque année avant le 1er juin pour l'année suivante, par un décret.

. . . .

ACCROISSEMENT. — Ce mot a plusieurs acceptions dans notre droit. L'art. 556 c. civ. l'emploie pour désigner le mode d'acquisition de la propriété par alluvion (V. *Propriété*). En ce qui concerne la taxe d'accroissement perçue sur les biens des congrégations, V. le mot *Congrégation*, n° 28.

ACTE. — « Donner acte » signifie : constater par jugement, sur la demande d'une partie, soit un aveu ou une déclaration de son adversaire, soit une réserve que la partie croit devoir faire dans son intérêt.

ACTES DE L'ÉTAT CIVIL

12 *bis*. Un nouveau formulaire général des actes de l'état civil a été adopté par la commission de l'état civil instituée au ministère de la Justice par arrêtés en date des 17 juill. et 25 nov.

"

ADDITIONS

1911. Ce formulaire a été rendu obligatoire par une circulaire du garde des sceaux du 10 janv. 1913. V. *Bull. Dalloz* 1913, n°s 6 et suiv.

13 *bis.* L'établissement des tables annuelles et décennales de l'état civil a été réglementé par un décret du 27 févr. 1913 (*Bull. Dalloz* 1913, p. 129).

57 *bis.* Dans le second cas, les règles à suivre sont les mêmes qu'en France. Toutefois, en ce qui concerne les déclarations de naissance, le délai pour les faire est de dix jours dans les pays d'Europe, sauf la Russie (Loi du 21 juin 1903) ; de trente jours en Russie et dans les pays hors d'Europe (Décr. 17 mai 1909).

ADMINISTRATION LÉGALE. — V. Addit., *Puissance paternelle.*

ADOPTION

12 *bis.* L'adoption inscrite sur le registre de l'état civil du domicile de l'adoptant doit, en outre, être mentionnée en marge de l'acte de naissance de l'adopté (Loi du 13 févr. 1909).

16 *bis.* Toutefois, si l'adopté est un enfant naturel non reconnu, le nom de l'adoptant peut, par l'acte même d'adoption, et du consentement des parties, lui être conféré purement et simplement, sans être ajouté à son propre nom (Loi du 13 févr. 1909).

AÉRONAUTIQUE. — V. Addit., *Armée.*

AFFICHE

7 *bis.* Aux termes de la loi du 20 avr. 1910, l'affichage est interdit sur les immeubles et monuments historiques classés en vertu de la loi du 30 mars 1887, ainsi que sur les monuments naturels et dans les sites de caractère artistique classés en vertu de la loi du 21 avr. 1906 (V. *Monuments historiques*). Il peut être également interdit autour desdits immeubles, monuments et sites, dans un périmètre déterminé, pour chaque cas particulier, par un arrêté préfectoral. — Toute infraction est punie d'une amende de 25 à 1000 francs.

15 *bis.* — IV. **Enregistrement et timbre.** — La quotité des droits de timbre a été fixée à nouveau par la loi de budget du 8 avril 1910, art. 16. Elle varie de 5 centimes pour les affiches dont la dimension ne dépasse pas 12 décimètres et demi carrés, à 20 centimes pour les affiches dont la dimension dépasse 2 mètres carrés, avec augmentation de 10 centimes par mètre carré ou portion de mètre carré au delà de 2 mètres carrés. — Les affiches ayant subi une préparation quelconque en vue d'en assurer la durée (affiches sous verre, sur toile ou plaque de métal, vernies, etc.) sont assujetties à un droit double de celui ci-dessus établi (Loi du 8 avr. 1910, art. 17).

16 *bis.* Sont exemptes de timbre les affiches, temporaires ou non, concernant exclusivement les offres et demandes de travail et d'emploi, et apposées par les bureaux de placement gratuit (Loi du 14 mars 1904).

16 *ter.* Sont également exemptes de timbre les affiches, imprimées ou non, apposées par les comités de patronage des habitations à bon marché qui ont exclusivement pour objet la vulgarisation des dispositions législatives et réglementaires concernant les habitations à bon marché, la petite propriété, les jardins ouvriers et les bains-douches (L. 23 déc. 1912, art. 9).

18 *bis.* Les auteurs des affiches sur papier ordinaire, imprimées ou manuscrites, encourent une amende de 5 francs par chaque exemplaire apposé sans avoir été préalablement timbré ou revêtu de timbres mobiles régulièrement oblitérés (Loi du 8 avr. 1910, art. 16).

19 *bis.* Les affiches peintes sont assujetties par la loi du 8 avr. 1910 (art. 18) à un droit de timbre de 1 franc par mètre carré, sans addition de décimes, pour toute leur durée.

19 *ter.* Les affiches sur papier et les affiches peintes sont passibles du double du droit correspondant à leur dimension, si elles contiennent plus de cinq annonces distinctes (Loi du 8 avr. 1910, art. 19).

19 *quater.* Les *affiches lumineuses*, constituées par la réunion de lettres ou de signes installés spécialement sur un support pour rendre une annonce visible tant la nuit que le jour, sont soumises à un droit de timbre dont la quotité est fixée à 10 francs par mètre carré ou fraction de mètre carré pour la première année, et à 5 francs pour chacune des années suivantes. — Les affiches lumineuses obtenues au moyen de projections sur un transparent ou un écran, ou au moyen de combinaisons de points lumineux susceptibles de former successivement les différentes lettres de l'alphabet dans le même espace, sont soumises à un droit annuel de 100 francs par mètre carré (Loi du 8 avr. 1910, art. 20).

19 *quinquies.* La loi du 12 juill. 1912 a soumis à une taxe spéciale de timbre les affiches dites *panneaux-réclame*, affiches-écrans ou affiches sur portatif spécial, imprimées, peintes ou constituées au moyen de tout autre procédé, établies sur toute partie d'un immeuble, bâti ou non, autre qu'un mur de clôture ou de maison, et au delà d'un périmètre de 100 mètres autour de toute agglomération de maisons ou de bâtiments. La taxe varie, suivant la dimension de l'affiche, de 50 à 400 francs par mètre carré. Pour les affiches existant antérieurement au 11 juin 1912 et qui auront été déclarées au bureau de l'enregistrement dans un certain délai, la taxe ne sera applicable qu'à partir du 1er juill. 1915. — Les terrains, cultivés ou non, utilisés pour la publicité commerciale ou industrielle sont cotisés à la contribution foncière dans les conditions prévues par l'art. 1er de la loi du 29 déc. 1884. L'exemption temporaire édictée par l'art. 9 de la loi du 8 août 1890 ne leur est pas applicable.

AFFOUAGE COMMUNAL. — V. Addit., *Usages forestiers.*

AGENT DIPLOMATIQUE

2 *bis.* La loi du 7 déc. 1908 a créé six emplois d'attachés commerciaux à l'étranger. Ces attachés sont choisis parmi les agents des cadres diplomatique ou consulaire, et nommés par décret sur la proposition du ministre des Affaires étrangères.

AGRICULTURE

1 *bis*. La loi du 21 août 1912 a organisé sur de nouvelles bases l'enseignement départemental et communal de l'agriculture.

. . . .

3 *bis*. La loi du 20 mars 1851, qui a créé les comices agricoles, n'a pas été abrogée par la loi du 1er juill. 1901 sur le contrat d'association. Par suite, les comices agricoles ont une existence légale et peuvent percevoir des cotisations, même s'ils ne se sont pas soumis aux prescriptions de la loi de 1901.

. . . .

6 *bis*. Une loi du 11 juin 1909 a déterminé à nouveau le taux et les conditions d'attribution des primes à la sériciculture et à la filature de la soie. — Une loi du 13 avr. 1910 a ordonné l'inscription au budget du ministère de l'Agriculture, pendant dix années, d'un crédit de 2 millions par an, à titre de primes et encouragements à la culture de l'olivier. La loi de finances du 13 juill. 1911 a, dans ses art. 129 à 136, déterminé le mode d'attribution de ces subventions. — Une loi du 9 avr. 1910 a prorogé pour une durée de six années la loi du 31 mars 1904, accordant des primes aux cultivateurs de lin et de chanvre.

. . . .

12 *bis*. Les dispositions de la loi du 24 déc. 1888 sont applicables à la destruction des *corbeaux* et des *pies*.

. . . .

ALGÉRIE

4 *bis*. La législation relative à la réglementation du travail a été rendue applicable à l'Algérie par un décret du 5 janv. 1909. — On admet, bien que la jurisprudence ne soit pas encore fixée à cet égard, que la loi du 12 juill. 1905, sur la compétence civile des juges de paix, est applicable à l'Algérie.

. . . .

30 *bis*. Le décret du 27 sept. 1907, relatif à l'application en Algérie de la loi du 9 déc. 1905 sur la séparation des Eglises et de l'Etat, a été complété par ceux des 30 et 31 mars 1908, 14 et 22 avr. 1908, 28 août et 14 nov. 1908.

. . . .

34 *bis*. Le recrutement et l'avancement des juges de paix en Algérie ont été réglés par décret du 30 déc. 1908.

. . . .

40 *bis*, **41** *bis*. V. la loi du 24 juill. 1910, modifiant et complétant la loi du 30 déc. 1902 sur l'organisation des cours d'assises et du jury criminel en Algérie (*Journ. off.*, 26 juill. 1910).

. . . .

ALIÉNÉS

24 *bis*. Les dépenses de transfert et d'entretien des aliénés indigents sans domicile de secours seront supportées par l'Etat dans leur intégralité à partir du 1er janv. 1914 (Loi du 13 juill. 1911, art. 101).

. . . .

27 *bis*. Ligne 2, *au lieu de* : requêtes, *lire* : enquêtes.

. . . .

APPEL CIVIL ET COMMERCIAL

78. — *Lire* : b) *Délai dans lequel il doit être statué sur l'appel.* — Le tribunal civil doit statuer sur l'appel des jugements des conseils de prud'hommes dans les trois mois à partir de l'acte d'appel.

. . . .

APPEL CRIMINEL

6 *bis*. Dans les affaires forestières poursuivies à la requête de l'Administration, l'appel est toujours possible de la part de toutes les parties, quelles que soient la nature et l'importance des condamnations (Loi du 31 déc. 1906).

9 *bis*. Le délai de dix jours est porté à quinze jours pour l'appel interjeté par les agents forestiers dans les affaires forestières poursuivies à la requête des agents de l'Administration (Loi du 31 déc. 1906).

. . . .

ARMÉE

1 *bis*. La loi du 7 août 1913 a fixé l'effectif en hommes de l'armée active des unités des différentes armes. Cet effectif représente le nombre d'hommes au-dessous duquel le total des hommes du service armé présents dans les unités ne peut être abaissé.

. . . .

3 *bis*. Un certain nombre de comités techniques ont été supprimés par un décret du 22 oct. 1910. Des *sections techniques* ont été, par contre, rattachées aux directions.

5 *bis*. L'*infanterie* comprend 173 régiments d'infanterie de ligne, dont 164 régiments à 3 bataillons, 8 régiments à 4 bataillons et 1 régiment stationné en Corse, à nombre variable de bataillons ; — 31 bataillons de chasseurs à pied à 4, 5 ou 6 compagnies, dont 13 bataillons de chasseurs alpins ; — 4 régiments de zouaves à nombre variable de bataillons ; — 12 régiments de tirailleurs indigènes ; — des régiments étrangers ; — 5 bataillons d'infanterie légère d'Afrique ; — des compagnies sahariennes ; — le régiment des sapeurs-pompiers de la ville de Paris (L. 23 déc. 1912). La composition sur le pied de paix des cadres et les effectifs de ces corps de troupes sont déterminés par des tableaux annexés à la loi précitée.

6 *bis*. La *cavalerie* comprend 91 régiments, à savoir : 12 régiments de cuirassiers, 32 régiments de dragons, 23 régiments de chasseurs, 14 régiments de hussards stationnés en France, 4 régiments de chasseurs d'Afrique et 6 régiments de spahis stationnés en Algérie et en Tunisie. — La cavalerie comprend, en outre, 4 compagnies de cavaliers de remonte en Algérie et Tunisie, 17 groupes de cavaliers de remonte en France et des escadrons de spahis coloniaux dont le nombre et la composition sont fixés par décret (L. 31 mars 1913). La composition des cadres de ces corps de troupes sur le pied de paix et les effectifs minima en simples soldats sont fixés par des tableaux annexés à la loi précitée.

7 *bis*. Aux termes de la loi du 24 juill. 1909, les troupes d'artillerie se composent de 11 régiments d'artillerie à pied, 62 régiments d'artillerie de campagne, 2 régiments d'artillerie de montagne, tous stationnés en France; 7 groupes autonomes d'artillerie, dont 2 à pied et 5 de campagne, stationnés en Algérie - Tunisie. — Le nombre des pièces des batteries montées de 75 sera porté à 144 par corps d'armée au fur et à mesure des ressources en hommes et des crédits.

8 *bis.* La loi du 29 mars 1912 a organisé l'aéronautique militaire (troupes : sept compagnies d'aéronautique, des sections d'aéronautique, une compagnie de conducteurs; établissements; personnel naviguant).

8 *ter.* La loi du 30 mars 1912 a réorganisé les troupes de télégraphie militaire.

19 *bis.* La loi du 11 avr. 1911 a créé, pour les officiers, une nouvelle position dite « en réserve spéciale ». Les officiers en réserve spéciale sont pourvus d'un emploi de leur grade ou d'un grade supérieur dans les réserves et ne peuvent être rappelés à l'activité qu'en cas de mobilisation. Le ministre de la Guerre est autorisé à mettre chaque année, sur leur demande, cent officiers en réserve spéciale.

19 *ter.* Par dérogation à la disposition qui précède, le ministre de la Guerre a été autorisé à mettre en réserve spéciale, en 1912, deux cents officiers (L. 27 févr. 1912, art. 40).

25 *bis.* Les conditions de nomination aux grades de sous-lieutenant et de lieutenant ont été réglées à nouveau par la loi du 1er août 1913, qui a abrogé et remplacé l'art. 3 de la loi du 14 avr. 1832.

27 *bis.* À chaque corps d'armée est rattaché, en principe, un régiment de cavalerie légère (exceptionnellement deux ou trois; dans ce cas, ils constituent une brigade). Tous les autres régiments de cavalerie sont endivisionnés. Le nombre et la composition des divisions de cavalerie sont fixés par décret.

ARRONDISSEMENT

5 *bis.* Les conseillers d'arrondissement peuvent recevoir, en vertu de l'art. 38 de la loi du 27 févr. 1912, une indemnité de déplacement et une indemnité de séjour dans les mêmes conditions que les conseillers généraux. V. Addit., *Conseil général,* n° 2 *bis.*

ARTILLERIE. — V. Addit., *Armée.*

ARTILLERIE NAVALE. — V. Addit., *Marine militaire.*

ASSISTANCE PUBLIQUE

6 *bis.* Les enfants en dépôt, en garde, abandonnés, orphelins pauvres, enfants délaissés, maltraités ou moralement abandonnés ont leur domicile de secours dans le département où ils sont nés (Loi du 27 juill. 1904, art. 39, modifié par la loi du 13 juill. 1911, art. 99).

31 *bis.* — IV. **Assistance aux familles nombreuses.** — L'assistance aux familles nombreuses a été organisée par la loi du 14 juill. 1913, à titre de service obligatoire pour les départements, avec la participation des communes et de l'Etat. Ce service est organisé par le conseil général et administré par le préfet. — Tout chef de famille, de nationalité française, ayant à sa charge plus de trois enfants légitimes ou naturels reconnus, et dont les ressources sont insuffisantes pour les élever, reçoit une allocation annuelle par enfant de moins de treize ans au delà du *troisième* enfant de moins de treize ans. — Si les enfants restent à la charge de la mère par suite de la mort du père, de sa disparition ou de toute autre cause, l'assistance est due pour chaque enfant de moins de treize ans au delà du *premier* enfant de moins de treize ans. — Si les enfants restent à la charge du père par suite de la mort ou de la disparition de la mère, l'assistance est donnée pour chaque enfant de moins de treize ans au delà du *deuxième* enfant de moins de treize ans.

32 *bis.* Le taux de l'allocation est arrêté, pour chaque commune, par le conseil municipal, sous réserve de l'approbation du conseil général et du ministre de l'Intérieur. Il ne peut être inférieur à soixante francs par an et par enfant, ni supérieur à quatre-vingt-dix francs. Si l'allocation est supérieure à ce dernier chiffre, l'excédent est à la charge de la commune.

33 *bis.* L'admission à l'assistance et la procédure d'appel et de recours sont réglées dans les conditions déterminées par les art. 4, 5 et 7 à 18 de la loi du 14 juill. 1905 (V. *Petit Dict.,* n°s 20 et 21). Le mode d'assistance est l'assistance à domicile. — Le domicile de secours est fixé dans les conditions déterminées par les art. 6, 7 et 8 de la loi du 15 juill. 1893 (V. *Petit Dict.,* n°s 25 et 26). — L'allocation est payée par mois et d'avance. Elle est incessible et insaisissable. — L'allocation est fournie en argent, en principe; mais le conseil municipal peut décider que tout ou partie en sera donné soit en secours de loyer, soit en nature par le bureau de bienfaisance.

34 *bis.* Les dépenses du service sont partagées entre les communes, les départements et l'Etat. Sont obligatoires : 1° pour les communes, les dépenses d'assistance résultant des allocations accordées aux chefs de famille ayant le domicile de secours communal ; 2° pour les départements, outre les subventions à allouer aux communes et les frais d'administration et de contrôle du service, les dépenses résultant des allocations aux chefs de famille ayant le domicile de secours départemental ; 3° pour l'Etat, indépendamment des subventions aux départements, les dépenses résultant des allocations aux chefs de famille n'ayant pas de domicile de secours.

35 *bis.* — V. **Assistance aux femmes en couches.** — L'assistance aux femmes en couches pendant leur repos, dans les conditions déterminées par la loi du 17 juin 1913 et par les art. 69 à 73 de la loi du 30 juill. 1913, constitue un service obligatoire pour les départements avec la participation des communes et de l'Etat. Ce service est organisé par le conseil général et administré par le préfet (L. 30 juill. 1913, art. 68). — Aux termes de l'art. 3 de la loi du 17 juin 1913, toute femme de nationalité française et privée de ressources, qui se livre habituellement chez autrui à un travail salarié, a droit, pendant la période de repos qui précède et suit immédiatement ses couches, à une allocation journalière, sans que celle-ci puisse se cumuler avec aucun secours public de maternité. L'assistance est également due, en vertu de l'art. 73 de la loi du 30 juill. 1913, aux femmes se livrant habituellement à leur domicile à un travail salarié.

36 *bis*. Avant les couches, la postulante doit justifier, par la production d'un certificat médical, qu'elle ne peut continuer à travailler sans danger pour elle-même et pour l'enfant. Après les couches, l'allocation est accordée pendant les quatre premières semaines. Dans tous les cas, l'allocation ne peut, tant pour la période qui précède que pour celle qui suit les couches, être maintenue pendant une durée totale supérieure à huit semaines. L'allocation est réduite de moitié en cas d'hospitalisation, si l'intéressée n'a pas d'autre enfant vivant au-dessous de treize ans. — L'assistance ne peut, à un moment quelconque, être accordée ou maintenue que si l'intéressée, non seulement a suspendu l'exercice de sa profession habituelle, mais encore observe tout le repos effectif compatible avec les exigences de sa vie domestique, et que si elle prend pour son enfant et pour elle-même les soins d'hygiène nécessaires, conformément aux instructions que lui donnera à cet effet la personne désignée par le bureau d'assistance.

37 *bis*. L'admission au bénéfice de l'allocation journalière est prononcée dans les conditions fixées au titre III de la loi du 15 juill. 1893. Le domicile de secours s'acquiert et se perd dans les conditions prévues par cette même loi. — L'allocation est incessible et insaisissable. Elle est payée à l'assistée. Elle peut être donnée en nature, en totalité ou en partie.

38 *bis*. Le taux de l'allocation est arrêté pour chaque commune par le conseil municipal sous réserve de l'approbation du conseil général et du préfet. Elle ne peut être inférieure à 0 fr. 50 ni supérieure à 1 fr. 50. Si elle est supérieure à 1 fr. 50, l'excédent est à la charge exclusive de la commune. L'allocation est majorée de 0 fr. 50 par jour après les couches si la mère allaite elle-même son enfant.

39 *bis*. Les dépenses du service sont partagées entre les communes, les départements et l'État. Sont obligatoires : 1° pour les communes, les dépenses d'assistance résultant des allocations pour le repos des femmes en couches et pour l'allaitement maternel accordées aux femmes privées de ressources ayant le domicile de secours communal ; 2° pour les départements, les dépenses d'assistance résultant des allocations aux femmes privées de ressources ayant le domicile départemental, les frais d'administration et de contrôle départemental du service, les subventions à allouer aux communes; 3° pour l'État, indépendamment des subventions aux départements, les allocations aux femmes privées de ressources n'ayant aucun domicile de secours et les frais généraux d'administration et de contrôle.

40 *bis*. Toute mutualité maternelle, toute œuvre d'assistance, préalablement agréée à cet effet par décret, peut être chargée par le conseil municipal, le bureau d'assistance consulté, d'assurer le fonctionnement de l'assistance dans la commune où elle a établi son siège social ou une section. Le traité passé entre l'œuvre et la commune est soumis à l'approbation du préfet.

ASSOCIATION

21 *bis*. Ligne 9, *au lieu de :* ... ne peuvent, *lire :* peuvent.

ASSOCIATION SYNDICALE DE PROPRIÉTAIRES

16 *bis*. Les budgets des associations syndicales autorisées, après avoir été votés par le syndicat, sont transmis à la préfecture. Si le préfet constate qu'on a omis d'y inscrire un crédit à l'effet de pourvoir à l'acquittement des dettes exigibles, il doit, après mise en demeure, inscrire d'office au budget le crédit nécessaire pour faire face à cette dépense (Loi du 5 août 1911, art. 1er).

19 *bis*. Il est créé en faveur des associations syndicales autorisées, pour le recouvrement des taxes de l'année échue et de l'année courante, sur les récoltes, fruits, loyers et revenus des terrains compris dans le périmètre de l'association, un privilège qui prend rang immédiatement après celui de la contribution foncière et s'exerce dans les mêmes formes (Loi du 5 août 1911, art. 2).

AUTOMOBILE. — V. Addit., *Impôts directs, Réquisitions militaires, Voiture.*

AVOCAT

7 *bis*. Les avocats régulièrement inscrits à un barreau sont dispensés de présenter une procuration : ... devant les justices de paix et les tribunaux de simple police (Loi du 12 juill. 1905, art. 26); ... devant les conseils de prud'hommes (Loi du 27 mars 1907, art. 26) ;... devant les juridictions commerciales (Loi du 13 juill. 1911, art. 96).

AVOUÉ

4 *bis*. Les avoués ne peuvent se présenter que comme *mandataires* devant les tribunaux de commerce, les tribunaux civils jugeant commercialement, les justices de paix et les conseils de prud'hommes. Toutefois, ils sont dispensés de présenter une procuration devant celles de ces juridictions qui sont comprises dans le ressort du tribunal près lequel ils exercent leur ministère. V. pour les justices de paix, loi du 12 juill. 1905, art. 26 ;... pour les conseils de prud'hommes, loi du 27 mars 1907, art. 26 ;... pour les tribunaux de commerce, loi du 13 juill. 1911, art. 97.

B

BANQUE-BANQUIER

5 *bis.* L'art. 12 de la loi du 30 juill. 1913 a soumis à un droit de timbre de 10 centimes les écrits désignés communément sous le nom d'*ordre de virement en banque.*

. . . .

BANQUE DE FRANCE

5 *bis.* Le chiffre maximum des émissions de billets de la Banque de France a été porté à 6 milliards 800 millions par la loi du 29 déc. 1911.

5 *ter.* Le maximum d'émission de la Banque d'Algérie a été porté de 200 à 250 millions par la loi du 29 déc. 1911. Ce chiffre pourra être porté à 400 millions par augmentations successives de 50 millions, en vertu de décrets rendus sur la proposition du ministre des Finances.

. . . .

V. Addit., *Crédit industriel et commercial.*

BIEN DE FAMILLE

Loi du 12 juill. 1909 (*Petit Code civil Dalloz*).

1. — **I. Constitution du bien de famille.** — Il peut être constitué, au profit de toute famille, un bien insaisissable désigné sous le nom de *bien de famille.* Les étrangers ne peuvent jouir de cette faculté qu'après avoir été autorisés à établir leur domicile en France, conformément à l'art. 13 du Code civil.

2. Le bien de famille peut comprendre soit une maison ou portion divise de maison, soit à la fois une maison et des terres attenantes ou voisines, occupées et exploitées par la famille. La valeur dudit bien, y compris celle des cheptels et immeubles par destination, ne doit pas, lors de sa fondation, dépasser 8000 francs. — La constitution est faite : par le mari sur ses biens personnels, sur ceux de la communauté ou, avec le consentement de la femme, sur les biens qui appartiennent à celle-ci et dont il a l'administration ; par la femme, sans l'autorisation du mari ou de justice, sur les biens dont l'administration lui est réservée ; par le survivant des époux ou l'époux divorcé, s'il existe des enfants mineurs, sur ses biens personnels ; par l'aïeul ou l'aïeule, suivant les distinctions ci-dessus, qui recueille ses petits-enfants orphelins de père et de mère, ou moralement abandonnés ; par le père ou la mère, sans descendants légitimes, d'un enfant naturel reconnu ou d'un enfant adopté. — Toute personne capable de disposer peut constituer un bien de famille au profit d'une autre personne réunissant elle-même les conditions exigées par la loi pour pouvoir le constituer.

3. Le bien de famille ne peut être établi que sur un immeuble non indivis. Il ne peut en être constitué plus d'un par famille. Lorsque le bien est d'une valeur inférieure à 8000 francs, il peut être porté à cette valeur au moyen d'acquisitions qui sont soumises aux mêmes conditions et formalités que la fondation. Le bénéfice de la constitution du bien de famille reste acquis lors même que, par le seul fait de la plus-value postérieure à la constitution, le chiffre de 8000 francs se trouverait dépassé. — La constitution du bien ne peut porter sur un immeuble grevé d'un privilège ou d'une hypothèque, soit conventionnelle, soit judiciaire, lorsque les créanciers ont pris inscription antérieurement à l'acte constitutif ou, au plus tard, dans le délai de deux mois (V. nº 4). Les hypothèques légales, même inscrites avant l'expiration de ce délai, ne font pas obstacle à la constitution et conservent leur effet. Celles qui prendraient naissance postérieurement peuvent être valablement inscrites, mais l'exercice du droit de poursuite qu'elles confèrent reste suspendu jusqu'à la désaffectation du bien.

4. La constitution du bien de famille résulte d'une déclaration reçue par un notaire, d'un testament ou d'une donation. Cet acte doit contenir la description détaillée de l'immeuble avec l'estimation de sa valeur, ainsi que les nom, prénoms, profession et domicile du constituant et, s'il y a lieu, du bénéficiaire de la constitution. Il reste affiché pendant deux mois par extrait à la justice de paix et à la mairie de la commune où le bien est situé. Un avis doit, en outre, être inséré par deux fois, à quinze jours d'intervalle, dans un journal d'annonces légales du département. Jusqu'à l'expiration de ce délai de deux mois, peuvent être inscrits tous privilèges et hypothèques garantissant des créances antérieures à la constitution du bien. Pendant ce même délai, les créanciers chirographaires sont admis à former opposition à la constitution entre les mains du notaire.

5. A l'expiration du délai de deux mois, l'acte est soumis à l'homologation du juge de paix. Celui-ci ne donne son homologation qu'après s'être assuré qu'il n'existe ni privilège ni hypothèque autres que ceux visés au nº 3 ; que mainlevée a été donnée de toutes les oppositions ; que les bâtiments sont assurés contre l'incendie. — Dans le mois qui suit son homologation, l'acte de constitution du bien doit être transcrit, à peine de nullité. La transcription ne donne lieu à la perception d'aucune taxe au profit du Trésor (Loi du 8 avr. 1910, art. 13).

6. — **II. Régime du bien de famille.** — A partir de la transcription, le bien de famille ainsi que ses fruits sont insaisissables, même en cas de faillite ou de liquidation judiciaire ; il n'est fait exception qu'en faveur des créanciers antérieurs qui se sont conformés aux dispositions qui précèdent (V. n° 3), pour conserver l'exercice de leurs droits. — Il ne peut être ni hypothéqué, ni vendu à réméré. — Les fruits peuvent être saisis pour le payement : 1° des dettes résultant de condamnations en matière criminelle, correctionnelle ou de simple police ; 2° des impôts afférents au bien et des primes d'assurance contre l'incendie ; 3° des dettes alimentaires. — Le propriétaire ne peut renoncer à l'insaisissabilité du bien de famille.

7. Le propriétaire peut aliéner tout ou partie du bien de famille ou renoncer à la constitution. Mais, s'il est marié ou s'il a des enfants mineurs, l'aliénation ou la renonciation est subordonnée, dans le premier cas, au consentement de la femme donné devant le juge de paix, et, dans le second cas, à l'autorisation du conseil de famille qui ne l'accorde que s'il estime l'opération avantageuse aux mineurs ; sa décision est sans appel.

8. En cas de destruction partielle ou totale du bien, l'indemnité d'assurance est versée à la Caisse des dépôts et consignations pour demeurer affectée à la reconstitution de ce bien, et pendant un an, à dater du payement de l'indemnité, elle ne peut être l'objet d'aucune saisie. Il en est de même pour l'indemnité allouée à la suite d'une expropriation pour cause d'utilité publique.

9. Le tribunal civil statue sur toutes les demandes relatives à la validité de la constitution, de la renonciation à la constitution, de l'aliénation totale ou partielle du bien de famille. L'affaire est jugée comme en matière sommaire.

10. L'insaisissabilité subsiste, même après la dissolution du mariage sans enfants, au profit du survivant des époux, s'il est propriétaire du bien. Elle peut également se prolonger par l'effet du maintien de l'indivision prononcée par le juge de paix, s'il existe des mineurs au moment du décès de l'époux propriétaire de tout ou partie du bien.

11. Le survivant des époux, s'il est copropriétaire du bien et s'il habite la maison, a la faculté de réclamer, à l'exclusion des héritiers, l'attribution intégrale du bien sur estimation. Ce droit s'ouvre à son profit, soit au décès de son conjoint, si tous les descendants sont majeurs ou, même lorsqu'il y a des mineurs, si la demande en maintien d'indivision a été rejetée, soit à la majorité des enfants, lorsque l'indivision a été maintenue.

12. Il est constitué auprès du ministre de l'Agriculture un conseil supérieur de la petite propriété rurale, auquel doivent être soumis tous les règlements à faire en vertu de la loi du 12 juill. 1909 et, d'une façon générale, toutes les dispositions intéressant la petite propriété rurale. Un règlement d'administration publique du 26 mars 1910 a déterminé les mesures d'application de la loi du 12 juill. 1909.

13. — III. Enregistrement. — La déclaration de constitution d'un bien de famille n'est assujettie à aucun droit d'enregistrement quand elle est contenue dans une donation, un testament ou un contrat de mariage. Lorsqu'elle forme l'objet unique d'un acte notarié, elle est passible du seul droit fixe de 3 fr. 75, décimes compris. — La transcription de l'acte ne donne lieu à la perception d'aucune taxe au profit du Trésor (Loi du budget du 8 avr. 1910, art. 13).

BOISSONS

5 *bis.* Les produits pharmaceutiques à base d'alcool, exclusivement médicamenteux, sont affranchis des formalités de circulation dans la limite de dix litres en volume, sous la condition qu'il ait été justifié du payement des droits sur les alcools employés à leur préparation (Loi du 26 déc. 1908, art. 13).

10 *bis.* La forme de ces titres est actuellement réglée par l'art. 23 de la loi du 23 mars 1903 et l'art. 25 de la loi du 6 août 1905. Aux termes de l'art. 26 de cette dernière loi, aucun spiritueux ne peut être exposé, colporté ni vendu sans que les fûts, caisses, bouteilles qui le contiennent portent, sur une étiquette très apparente, la mention du titre de mouvement qui a accompagné la marchandise, concernant les substances avec lesquelles l'alcool que contient le spiritueux a été fabriqué.

10 *ter.* Les congés ou acquits ne peuvent être pris qu'à la recette buraliste du lieu d'enlèvement, sauf exceptions autorisées par l'Administration.

16 *bis.* Les produits pharmaceutiques à base d'alcool sont exemptés des taxes d'entrée sous la condition exposée au n° 5 *bis* (Loi du 26 déc. 1908).

26 *bis.* Une surtaxe de 50 francs par hectolitre d'alcool pur est établie, en addition au droit général de consommation, sur les *absinthes* et similaires, sur les *bitters*, les *amers*, et sur toutes *boissons apéritives* autres que celles à base de vin (Loi du 26 déc. 1908, art. 17).

29 *bis.* Les préparateurs d'alcools dénaturés destinés au chauffage, à l'éclairage ou à la production de la force motrice reçoivent une prime de 9 francs par hectolitre d'alcool pur soumis à la dénaturation (Loi du 25 févr. 1901, art. 59).

67 *bis.* En vertu de l'art. 12 de la loi du 24 déc. 1908, les personnes qui se livrent dans Paris à la fabrication des vermouts et vins de liqueur ou d'imitation sont assujetties à l'exercice et à la tenue de comptes spéciaux. Cette disposition n'est pas applicable aux vins médicinaux.

BON DE POSTE. — V. Addit., *Postes, télégraphes, téléphones.*

BREVET D'INVENTION

Loi du 13 avr. 1908 (*Petit Code de commerce Dalloz*).

14 *bis.* La loi du 23 mai 1868 a été abrogée et remplacée par celle du 13 avr. 1908. Cette dernière loi organise, pour les inventions brevetables admises aux expositions organisées en France ou dans les colonies avec l'autorisation de l'Administration ou son patronage, ou aux expositions étrangères internationales, officielles ou officiellement reconnues, une protection temporaire d'une durée de *douze mois*, à dater de l'ouverture officielle de l'exposition. Les exposants doivent se faire délivrer à cet effet, par le sous-préfet de l'arrondissement où a lieu l'exposition ou par l'autorité chargée de représenter officiellement la France à l'exposition, un certificat de garantie constatant que l'objet pour lequel la garantie est demandée est réellement exposé. La demande de certificat doit être faite au cours de l'exposition et, au plus tard, dans les trois mois de l'ouverture officielle de l'exposition.

24 *bis.* À Paris et dans le département de la Seine, le dépôt des demandes de brevets et de certificats d'addition a lieu aux bureaux de l'Office national de la propriété industrielle (Loi du 26 déc. 1908, art. 58).

29 *bis*. Le procès-verbal de dépôt est dressé, à Paris et dans le département de la Seine, par le directeur de l'Office national de la propriété industrielle (Loi du 26 déc. 1908, art. 58).

56 *bis*. Les actes comportant cession ou mutation en matière de brevets doivent être enregistrés, pour le département de la Seine, dans les bureaux de l'Office national de la propriété industrielle (Loi du 26 déc. 1908, art. 58).

BUDGET DES COMMUNES

49 *bis*. Ligne 8, *supprimer* ce qui a trait à la part des communes dans le produit de la taxe sur les vélocipèdes (Loi du 30 janv. 1907, art. 23).

86 *bis*. La limite de 60 000 francs de revenus au minimum, imposée aux communes pour qu'elles aient droit à un receveur spécial, a été élevée à 100 000 francs par la loi du 26 déc. 1908 (art. 44).

87 *bis*, **88** *bis*. Les poursuites qui ont pour objet le recouvrement d'états exécutoires dressés en vertu de l'art. 154 de la loi du 5 avr. 1884, ou la rentrée des sommes dues aux communes en vertu de contrats ayant force exécutoire par eux-mêmes, sont exercées selon les règles suivies en matière de contributions directes (L. 18 juill. 1911, art. 21).

BUREAU DE BIENFAISANCE

3 *bis*. La limite de 60 000 francs de revenus au minimum, imposée aux bureaux de bienfaisance pour avoir droit à un receveur spécial, a été portée à 100 000 francs par la loi du 26 déc. 1908 (art. 44).

C

CAISSES D'ÉPARGNE

2 *bis*. Une loi du 9 mars 1910 a autorisé la Caisse nationale d'assurance en cas de décès, à passer, avec les particuliers ou avec les chefs d'industrie, collectivités ou administrations, des contrats d'assurance de capital différé d'une durée de cinq ans au moins, ayant pour objet une somme de 5 000 francs au maximum. — Cette loi permet, en outre, le versement en une seule fois, à la Caisse nationale des retraites, du montant de l'assurance de capital différé en vue de la constitution d'une rente viagère, immédiate ou différée (V. *Caisse nationale des retraites*).

4 *bis*. Une loi du 22 juill. 1912, modifiant l'art. 22 de la loi du 20 juill. 1895, a réglé le droit pour les caisses d'épargne ordinaires d'avoir des succursales dans les arrondissements et dans les cantons autres que celui de leur siège.

7 *bis*. Aux termes de l'art. 115 de la loi de budget du 8 avr. 1910, les livrets des caisses d'épargne ordinaires sont nominatifs, mais les intérêts de l'année écoulée sont payables par ces Caisses au porteur, sauf demande contraire du titulaire.

CAMIONNAGE D'OFFICE. — V. Addit., *Chemin de fer.*

CARAT MÉTRIQUE. — V. Addit., *Poids et mesures.*

CASIER JUDICIAIRE

6 *bis*. Aux termes de l'art. 3 de la loi du 22 mars 1908, les déclarations de faillite cessent, deux ans après le jugement déclaratif, d'être inscrites au bulletin n° 3 délivré aux particuliers.

CAUTIONNEMENT DES FONCTION-NAIRES

2 *bis*. Ligne 5, *supprimer* : ou en partie.

2 *ter*. Les comptables de deniers publics et autres fonctionnaires, membres d'associations françaises de cautionnement mutuel agréées par le ministre des Finances, sont admis à remplacer leur cautionnement par la caution solidaire fournie par leur association en conformité de ses statuts approuvés par le ministre. Celui-ci est autorisé à accepter l'engagement pris par lesdites associations de se porter caution solidaire de tous leurs membres présents et futurs jusqu'à concurrence du montant des cautionnements qui leur sont ou leur seront imposés (Loi du 26 déc. 1908, art. 41). — Les conditions d'application de cette loi ont été déterminées par un décret du 16 janv. 1909.

3 *bis*. L'intérêt des cautionnements en numéraire versés au Trésor a été abaissé à 2 % (Loi du 13 juill. 1911, art. 72).

CÉRUSE. — V. Addit., *Hygiène et sécurité des travailleurs.*

CHASSE

97 *bis*, **98** *bis*, **99** *bis*. Il est interdit, en temps de fermeture, sous peine d'une amende de 16 à 100 francs, d'enlever des nids, de prendre ou de détruire, de colporter ou mettre en vente, de vendre ou acheter, de transporter ou d'exporter les œufs ou les couvées de perdrix, faisans, cailles et de tous autres oiseaux, ainsi que les portées ou petits de tous animaux qui n'ont pas été déclarés nuisibles par les arrêtés préfectoraux. Les détenteurs du droit de chasse et leurs préposés ont le droit de recueillir, pour les faire couver, les œufs mis à découvert par la fenaison ou l'enlèvement des récoltes (Loi du 3 mai 1844, art. 4 et 11, modifiés par loi du 3 avr. 1911).

. . . .

CHEMIN DE FER

28 *bis*. La loi du 21 juill. 1909 a obligé les grandes compagnies de chemins de fer et l'administration des chemins de fer de l'Etat à modifier leurs règlements de retraites de façon à assurer à tous leurs agents, employés et ouvriers, de l'un et l'autre sexe, les droits et avantages déterminés par ladite loi. — Tout agent, employé ou ouvrier a droit à une pension de retraite lorsqu'il a accompli 25 années d'affiliation et atteint : 50 ans d'âge pour les mécaniciens et chauffeurs ; 55 ans pour les autres agents du service actif, et 60 ans pour les employés de bureau qui n'ont pas passé 15 années dans le service actif. — Dans le cas de maladie, blessures ou infirmités prématurées le mettant dans l'impossibilité de rester au service du chemin de fer, tout agent, employé ou ouvrier, ayant au moins 15 années d'affiliation a droit à une pension de retraite. Le droit à la pension immédiate est acquis, quelle que soit la durée de l'affiliation, si l'invalidité résulte de l'exercice des fonctions. — La pension de retraite est égale, en principe, à la moitié du traitement ou salaire moyen. Elle subit des augmentations ou des réductions dans les cas déterminer par la loi. Elle est réversible par moitié au profit des veuves.

. . . .

61 *bis*. Lorsque l'encombrement des magasins affectés au dépôt des bagages dans une gare a été constaté par le commissaire de surveillance administrative, la compagnie est autorisée à faire camionner d'office tout bagage qui ne serait pas retiré dans le délai de trois jours pour les gares de Paris, de cinq jours pour les gares désignées par le ministre des Travaux publics, de huit jours pour les autres gares. Ce délai commence à courir : pour les bagages qui n'ont pas été retirés à l'arrivée du train, à dater du lendemain de cette arrivée ; pour les colis mis à la consigne au départ, à dater du jour du dépôt. — Le camionnage est fait au domicile indiqué sur les bagages et colis, si ceux-ci portent l'indication d'une adresse privée dans la localité, et dans un magasin public, dans le cas contraire (Décr. 1er déc. 1908).

69 *bis*. Aux termes d'un décret du 1er déc. 1908, les administrations de chemins de fer sont autorisées à faire conduire d'office au domicile du destinataire ou dans un magasin public, toute marchandise adressée en gare qui ne serait pas enlevée dans un délai de quarante-huit heures, à dater du délai imparti pour son enlèvement par les arrêtés ministériels en vigueur. — Le camionnage est fait au domicile du destinataire toutes les fois que ce domicile est connu et que le transport peut y être effectué normalement. — En dehors de cette hypothèse, le camionnage est fait dans un magasin public. Avis doit en être donné immédiatement au destinataire.

. . . .

102 *bis*. La loi du 11 juin 1880 a été abrogée et remplacée par celle du 31 juill. 1913.

. . . .

112 *bis*. La loi du 3 déc. 1908, sur le raccordement des voies de fer avec les voies d'eau, a accordé le droit d'embranchement aux propriétaires ou concessionnaires de magasins généraux, ainsi qu'aux concessionnaires d'un outillage public et aux propriétaires d'un outillage privé dûment autorisé sur les ports maritimes ou de navigation intérieure. — Lorsque l'utilité en est reconnue, des décrets rendus en Conseil d'Etat, les compagnies de chemins de fer entendues, peuvent prescrire l'exécution des bassins et installations nécessaires pour assurer l'accès des bateaux dans les gares de chemins de fer. Les travaux sont exécutés par les compagnies. Les dépenses de premier établissement sont supportées par l'Etat avec le concours des intéressés.

. . . .

CHÈQUE

2 et s., **12** et s. Une loi du 30 déc. 1911 a ajouté à la loi du 14 juin 1865 des dispositions nouvelles ayant pour objet de rendre légal en France l'usage du *chèque barré*. Aux termes de la loi nouvelle, le chèque *traversé de deux barres parallèles* ne peut être présenté au payement que *par un banquier;* il ne peut être tiré que *sur un banquier*. Le barrement peut être effectué par le tireur ou par un porteur. — Le barrement peut être *général* ou *spécial*. Le barrement est général s'il ne porte entre les deux barres aucune désignation ou seulement la mention « et compagnie ». Il est spécial si le nom d'un banquier est inscrit entre les deux barres. — Le chèque à barrement spécial ne peut être présenté au payement que par le banquier désigné. Toutefois, si celui-ci n'opère pas l'encaissement lui-même, il peut se substituer un autre banquier.

. . . .

17 et s. Le tiré qui paye le chèque barré à une personne autre qu'un banquier, si le barrement est général, ou à une personne autre que le banquier désigné, si le barrement est spécial, n'est pas libéré.

. . . .

CHÈQUE BARRÉ. — V. Addit., *Chèque.*

CLASSE DE PERFECTIONNEMENT. — V. Addit., *Enseignement.*

CODE

10 *bis*. La réunion des lois ouvrières en un *Code du travail et de la prévoyance sociale* est aujourd'hui en cours d'exécution. Le livre premier de ce Code (*Des conventions relatives au travail*) et le livre II (*De la réglementation du travail*) ont été promulgués par les lois des 30 déc. 1910, 26 nov. 1912 et 17 juin 1913.

. . . .

ADDITIONS

COMPÉTENCE CRIMINELLE

4 *bis*. Les mêmes règles sont applicables si l'inculpé n'a acquis la nationalité française qu'après l'accomplissement du crime ou du délit (Loi du 26 févr. 1910, modifiant l'art. 5 c. instr. crim.). Cette disposition permet la répression de crimes et délits qui restaient jusqu'ici impunis, le coupable, étranger au moment de l'infraction, étant devenu Français avant qu'aucune poursuite soit engagée.

. . . .

CONCESSION D'EAU. — V. Addit., *Eaux*.

CONGRÉGATION

11 *bis*. Une loi du 29 mars 1910 a retiré leur mandat aux liquidateurs antérieurement nommés aux congrégations supprimées par application des lois du 1er juill. 1901 et du 7 juill. 1904, et les a remplacés par l'administration des Domaines.

. . . .

CONSEIL D'ÉTAT

2 *bis*. Le nombre des conseillers d'Etat en service ordinaire a été élevé de trente-deux à trente-cinq ; celui des conseillers en service extraordinaire, de vingt à vingt et un ; celui des maîtres des requêtes, de trente-deux à trente-sept (Loi du 8 avr. 1910, art. 97).

3 *bis*. Nul ne peut être nommé maître des requêtes au Conseil d'Etat, en dehors des auditeurs de 1re classe en exercice, s'il ne justifie de dix ans de services publics, soit civils, soit militaires. — Nul ne peut être nommé conseiller d'Etat s'il n'est âgé de quarante ans accomplis, maître des requêtes s'il n'est âgé de trente ans (Loi du 13 juill. 1911, art. 90).

17 *bis*. La section du contentieux comprend désormais un président et neuf conseillers d'Etat en service ordinaire (Loi du 8 avr. 1910, art. 96).

19 *bis*. La section du contentieux est actuellement divisée en trois sous-sections (Loi du 8 avr. 1910, art. 96).

21 *bis*. Une section composée d'un président et de huit ou douze conseillers d'Etat en service ordinaire, pris dans la section de législation et dans les sections administratives, juge toutes les affaires d'élections et de contributions directes. Cette section prend le nom de *section spéciale du contentieux*. Elle est divisée en deux ou trois sous-sections, qui ont les mêmes pouvoirs que la section elle-même (Loi du 8 avril 1910, art. 96).

. . . .

CONSEIL GÉNÉRAL

2 *bis*. Les conseillers généraux, autres que les députés et sénateurs, peuvent recevoir, sur les ressources ordinaires du budget du département, une indemnité de déplacement lorsque, pour prendre part aux réunions du conseil général ou de la commission départementale, ils sont obligés de se transporter à plus de deux kilomètres de leur résidence : il peut également leur être alloué, pendant la durée des sessions, une indemnité pour chaque journée de présence à l'assemblée. Ils ont droit au remboursement des frais résultant de l'exécution des mandats spéciaux dont ils sont chargés (L. 27 févr. 1912, art. 38, mod. par la loi du 30 juill. 1913, art. 49).

. . . .

CORBEAUX. — V. Addit., *Agriculture*.

COUR D'APPEL

19 *bis*. Ligne 11, *supprimer : 3° de certaines fautes de discipline*.

. . . .

COUR D'ASSISES

45 *bis*. Le président de la cour d'assises ne peut entrer dans la chambre des délibérations du jury que s'il est appelé par le chef du jury, et accompagné du défenseur de l'accusé, du ministère public et du greffier (Loi du 10 déc. 1908, modifiant l'art. 343 C. instr. crim.).

COUR DE CASSATION

59 *bis*. La Cour de cassation est appelée, en temps de paix, à statuer, au lieu et place des conseils de révision, sur les pourvois contre les sentences des conseils de guerre et tribunaux maritimes (Loi du 17 avr. 1906, art. 44).

. . . .

COUR DES COMPTES

2 *bis*. Le nombre des conseillers référendaires de 1re classe a été porté, par un décret du 1er mars 1912, de vingt à vingt-deux ; celui des conseillers référendaires de 2e classe, de soixante à soixante-quatre ; celui des auditeurs de 1re classe, de quinze à seize ; celui des auditeurs de 2e classe, de dix à onze.

. . . .

COURTIER

19 *bis*, **27** *bis*. Les courtiers, les commissionnaires et toutes autres personnes faisant commerce habituel de recueillir des offres et des demandes relatives à des marchés à terme ou à livrer de marchandises et denrées, dont le trafic à livrer est réglementé dans les bourses de commerce, doivent tenir un *répertoire* où sont consignées les opérations d'achats ou de ventes à livrer ou à terme, traitées aux conditions intégrales des règlements établis dans lesdites bourses. — Ce répertoire doit être coté et paraphé par le président du tribunal de commerce. — Un extrait du répertoire doit être remis aux contractants par les intermédiaires, dans les vingt-quatre heures qui suivent la conclusion du marché. Cet extrait fait foi des conditions du marché (Loi du 13 juill. 1911, art. 10, mod. par L. 27 févr. 1912, art. 8). Quiconque ne s'occupe pas *professionnellement* de l'achat ou de la vente des marchandises et denrées dont le trafic à livrer est réglementé dans les bourses de commerce ne peut, sous peine de nullité de l'opération, traiter des marchés à terme ou à livrer sur ces marchandises aux conditions des règlements établis dans lesdites bourses que par l'entremise d'un courtier ou d'un commissionnaire restant soumis aux obligations qui dérivent de sa qualité de mandataire (L. 27 févr. 1912, art. 8).

. . . .

CRÉDIT AGRICOLE

Lois du 14 janv. 1908, du 18 févr. 1910
(*Petit Code de commerce Dalloz*).

3 bis. Les sociétés de crédit agricole ont également pour objet, en vertu de la loi du 18 févr. 1910, de faciliter et de garantir les opérations concernant la *production* agricole faites par les sociétés coopératives agricoles, constituées d'après les dispositions de la loi du 29 déc. 1906. — La loi du 18 févr. 1910 a, par ailleurs, restreint l'objet des sociétés de crédit agricole à faciliter et garantir les opérations concernant la *production* agricole, et a, par suite, écarté du bénéfice des prêts les *industries* agricoles, tolles que : fabrication d'engrais, d'instruments aratoires, etc.

3 ter. D'autre part, une loi du 19 mars 1910 a permis aux sociétés de crédit agricole de consentir des *prêts individuels à long terme*, destinés à faciliter l'acquisition, l'aménagement, la transformation et la reconstitution des petites exploitations rurales. — Ces prêts ne pourront dépasser la somme de 8 000 francs, et leur durée ne pourra pas excéder quinze années ; ils auront lieu par ouverture de crédit hypothécaire, ou bien ils seront garantis par un contrat d'assurance en cas de décès. — Les exploitations rurales pour lesquelles ces prêts auront été consentis pourront être constituées en biens de famille insaisissables (V. *Bien de famille*).

. . . .

10 bis. Le Gouvernement peut remettre gratuitement aux caisses régionales de crédit agricole des avances spéciales pour faciliter les opé-

rations de prêt individuel à long terme prévues par la loi du 19 mars 1910.

. . . .

CRÉDIT INDUSTRIEL ET COMMERCIAL

En vue de venir en aide aux commerçants, aux industriels et aux artisans victimes des inondations et autres sinistres survenus du 1er juillet 1909 au 18 mars 1910, l'Etat a conclu avec la Banque de France une convention, approuvée par la loi du 18 mars 1910, en vertu de laquelle cet établissement s'est engagé à mettre à la disposition du Trésor, pour un délai maximum de 5 ans, des avances sans intérêts pouvant s'élever au total à 100 millions de francs et destinées à consentir des prêts aux personnes dont il s'agit. Le maximum des prêts est fixé à 5 000 francs. Le remboursement est fractionné par dixièmes et échelonné de la seconde à la cinquième année. Il est poursuivi suivant les mêmes règles qu'en matière de contributions directes (Loi du 18 mars 1910).

CRÉDIT MARITIME

2 bis. Des caisses régionales de crédit maritime *mutuel* peuvent être constituées d'après les dispositions de la loi du 23 avril 1906 (Loi du 18 juin 1909). Ces caisses ont pour but de faciliter aux membres des sociétés locales de crédit maritime les opérations qui ont trait à l'exercice de leur profession. A cet effet, elles escomptent les effets souscrits par les membres dés sociétés locales et endossés par ces sociétés. Elles peuvent également consentir aux sociétés locales des avances spéciales destinées aux sociétés coopératives maritimes, constituées par tout ou partie des membres des syndicats professionnels maritimes. — Les caisses régionales de crédit maritime sont soumises au contrôle et à la surveillance organisées par le décret du 30 juill. 1906. — Elles ont été autorisées, par une loi du 25 mars 1910, à recevoir de l'Etat des avances sans intérêts prélevées sur un fonds spécial.

. . . .

D

 — V. Addit., *Vente de substances falsifiées.*

DÉPARTEMENT

8 bis. Aux termes de l'art. 101 de la loi de budget du 8 avr. 1910, le personnel des bureaux des préfectures et des sous-préfectures est recruté exclusivement au concours, en dehors des cas prévus par la loi sur le recrutement de l'armée. Les conditions du concours d'admission, les règles d'avancement et de licenciement sont déterminées par un règlement d'administration publique.

. . . .

DEPOT

28 bis. La responsabilité, limitée à 1 000 francs, des aubergistes et hôteliers est applicable non seulement aux espèces monnayées et aux valeurs, mais encore à toute espèce de titres, aux bijoux et aux objets précieux de toute nature non déposés réellement entre leurs mains (Code civ., art. 1953, § 2, modifié par loi du 8 avr. 1911).

DESSIN INDUSTRIEL. — V. Addit., *Propriété industrielle.*

DISTRIBUTEUR AUTOMATIQUE. — V. Addit., *Impôts indirects.*

DOMAINE PUBLIC

16 *bis.* En vertu d'une loi du 15 janv. 1913, aucun ouvrage permanent de nature à entraver la navigation maritime, aucun pont ou barrage ne peuvent être établis dans la partie maritime navigable des fleuves, rivières, cours d'eau utilisables pour la défense nationale, sans avoir été autorisés par le Parlement après avis du Conseil supérieur et du ministère de la Marine.

DONATION PAR CONTRAT DE MARIAGE

26 *bis.* En ce qui concerne la quotité des droits d'enregistrement, V. Addit., *Donation entre vifs,* nº 73 *bis.*

DONATION ENTRE ÉPOUX

10 *bis.* En ce qui concerne la quotité des droits d'enregistrement, V. Addit., *Donation entre vifs,* nº 73 *bis.*

DONATION ENTRE VIFS

73 *bis.* Les droits d'enregistrement des donations entre vifs de biens meubles ou immeubles sont perçus, aux termes de l'art. 11 de la loi du 8 avr. 1910, d'après les quotités ci-après, sans addition d'aucun décime. — En ligne directe : 1º pour les donations portant partage, faites par les pères et mères ou autres ascendants entre leurs enfants ou descendants, 2 p. 100; 2º pour les donations faites par contrat de mariage aux futurs, 2,50 p. 100; 3º pour les autres donations, 4,50 p. 100. — Entre époux : par contrat de mariage, 4,50 p. 100;

hors contrat de mariage, 6,50 p. 100. — Entre frères et sœurs : par contrat de mariage aux futurs, 8,50 p. 100; hors contrat de mariage, 11 p. 100. — Entre oncles ou tantes et neveux ou nièces : par contrat de mariage, 10 p. 100; hors contrat de mariage, 13 p. 100. — Entre grands-oncles ou grand'tantes et petits-neveux ou petites-nièces et entre cousins germains : par contrat de mariage, 12 p. 100; hors contrat de mariage, 15 p. 100. — Entre parents au delà du quatrième degré et entre personnes non parentes : par contrat de mariage, 15 p. 100; hors contrat de mariage, 18 p. 100.

DOUANES

21 *bis.* Le tarif des douanes établi par la loi du 11 janv. 1892, modifié par les lois postérieures, a été complété et modifié par la loi du 29 mars 1910, conformément au tableau annexé à cette loi (*Journ. off.* du 30 mars 1910).

22 *bis.* Une loi du 29 mars 1910 a autorisé le Gouvernement à concéder par décret les tarifs de douane les plus réduits à l'entrée en France, en Algérie et dans les colonies françaises aux produits et marchandises originaires des Etats-Unis d'Amérique et de l'île de Porto-Rico.

71 *bis.* Le délai de réexportation en cas d'admission temporaire a été porté, par la loi du 28 juin 1912, à trois mois en ce qui concerne les farines, les semoules et sons, et à cinq mois en ce qui concerne les pâtes alimentaires, biscuits de mer ou biscuits sucrés.

84 *bis.* Une loi du 10 avr. 1906 a statué spécialement sur les fraudes en douane commises dans l'intérieur des navires.

DROITS DE MUTATION PAR DÉCÈS. — V. *Enregistrement, Succession.*

DUEL

6 *bis.* Une circulaire du ministre de la Guerre du 30 mai 1907 a réglé, en matière de duel entre des militaires, les devoirs des chefs hiérarchiques. Ces derniers ne doivent ni donner ni refuser l'autorisation de se battre. Ils doivent s'abstenir de toute pression sur l'un ou l'autre militaire.

E

EAUX

15 *bis.* Lorsque la demande de concession d'eau comporte, pour les transporter en tout ou en partie, hors des limites des départements riverains

du cours d'eau, soit l'adduction d'un volume d'eau supérieur à 2 mètres cubes par seconde, soit l'utilisation d'une force hydraulique de 500 chevaux au moins, elle ne peut être autorisée qu'après avis des conseils généraux des départements où la prise d'eau est faite ou situés immédiatement en aval (Loi du 26 déc. 1908).

. . . .

EAUX MINÉRALES ET THERMALES

8 *bis.* Une commission permanente des stations hydrominérales et climatiques est instituée auprès du ministre de l'Intérieur (Loi du 13 avr. 1910).

. . . .

11 *bis.* Aux termes d'une loi du 13 avr. 1910, toute commune ou fraction de commune qui possède sur son territoire une source d'eaux minérales peut être érigée, par décret en Conseil d'Etat, sur la demande du conseil municipal, du préfet ou d'une association déclarée constituée par les intéressés, en *station hydrominérale.* — Des décrets en Conseil d'Etat peuvent, sur la demande des communes érigées en stations hydrominérales, autoriser la perception d'une taxe spéciale sur les personnes qui les fréquentent, taxe dont le produit devra être affecté à l'exécution de travaux d'assainissement ou d'embellissement.

11 *ter.* — IV. Stations climatiques. — La loi du 13 avr. 1910 prévoit l'érection en *stations climatiques,* dans les mêmes conditions que les stations hydrominérales, des communes ou fractions de commune offrant aux malades et visiteurs leurs avantages climatiques.

. . . .

ÉCOLE DE PERFECTIONNEMENT. — V. Addit., *Enseignement.*

ÉCONOMAT. — V. Addit., *Louage de services.*

ÉLECTIONS

4 *bis.* La liste électorale comprend : 1° tous les électeurs qui ont leur domicile réel dans la commune ou y habitent depuis six mois au moins ; 2° ceux qui y auront été inscrits depuis cinq ans au moins au rôle d'une des quatre contributions directes ou au rôle des prestations en nature, et, s'ils ne résident pas dans la commune, auront déclaré vouloir y exercer leurs droits électoraux. — Les citoyens français établis à l'étranger et immatriculés au consulat de France conservent le droit d'être inscrits, s'ils le demandent, sur la liste électorale de la commune où ils ont satisfait à la loi sur le recrutement de l'armée et rempli leurs obligations militaires (L. 29 juill. 1913, art. 2).

28 *bis.* Nul ne peut être inscrit sur plusieurs listes électorales (L. 29 juill. 1913, art. 1er, § 1er).

28 *ter.* Toute demande de changement d'inscription doit être accompagnée d'une demande en radiation de la liste du domicile électoral antérieur, pour être transmise au maire dudit domicile (L. 29 juill. 1913, art. 1, § 6).

28 *quater.* Lorsqu'un citoyen est inscrit sur plusieurs listes électorales, le maire, ou à son défaut tout électeur porté sur l'une de ces listes, peut exiger, devant la commission de revision des listes électorales, huit jours au moins avant leur clôture, que ce citoyen opte pour son maintien sur l'une seulement de ces listes. — A défaut de son option dans les huit jours de la notification de la mise en demeure faite par lettre recom-

mandée, il restera inscrit sur la liste dressée dans la commune ou section de commune où il réside depuis six mois et il sera rayé des autres listes. — Les réclamations et contestations à ce sujet sont jugées et réglées par les commissions et juges de paix compétents pour opérer la revision de la liste électorale sur laquelle figure l'électeur qui réclame l'option, et ce, suivant les formes et délais prescrits par la loi du 5 avr. 1884 (L. 29 juill. 1913, art. 1er, § 2, 3 et 4).

47 *bis,* **50** *bis,* **53** *bis,* **56** *bis.* Les directeurs des services agricoles, ainsi que les professeurs d'agriculture ne peuvent être candidats aux élections sénatoriales, législatives ou départementales, dans le département où ils exercent, qu'un an après la cessation de leurs fonctions (L. 21 août 1912, art. 10).

55 *bis.* Ligne 3, *au lieu de :* vingt et un ans, *lire :* vingt-cinq ans.

67 *bis.* La loi du 6 juill. 1905 a décidé qu'en cas de division par une loi d'un canton en plusieurs circonscriptions électorales, le conseiller général représentant le canton divisé aura le droit d'opter pour l'une des nouvelles circonscriptions dans les dix jours qui suivent la promulgation de la loi.

. . . .

92 *bis.* Dans les communes où il paraît utile d'ouvrir le scrutin pour les élections des députés et des conseillers d'arrondissement avant huit heures du matin, les préfets peuvent, après avis des maires, prendre un arrêté pour que le scrutin soit ouvert avant cette heure. Mais, dans aucun cas, le scrutin ne peut s'ouvrir avant cinq heures du matin, et l'heure de la clôture ne peut pas être modifiée. L'arrêté préfectoral doit être publié et affiché cinq jours au moins avant l'ouverture du scrutin (Décr. 1er mai 1869, Loi du 4 févr. 1909).

102 *bis.* Des affiches contenant le texte de la loi du 29 juill. 1913 seront fournies par l'administration préfectorale et placardées, par les soins de la municipalité, à la porte de chaque mairie, pendant la période électorale, et à la porte de chaque section de vote le jour du scrutin (L. 29 juill. 1913, art. 17).

. . . .

109 *bis.* L'urne électorale n'ayant qu'une ouverture destinée à laisser passer le bulletin muni de son enveloppe devra, avant le commencement du vote, avoir été fermée à deux serrures dissemblables, dont les clefs restent, l'une entre les mains du président, l'autre entre les mains de l'assesseur le plus âgé. Si, au moment de la clôture du scrutin, le président n'a pas les deux clefs à sa disposition, il prendra toutes les mesures nécessaires pour procéder immédiatement à l'ouverture de l'urne (L. 29 juill. 1913, art. 5).

109 *ter.* Dans chaque commune, il doit y avoir un *isoloir* par trois cents électeurs inscrits ou par fraction de trois cents ; toutefois, toute salle de vote doit contenir au moins *deux isoloirs* (L. 29 juill. 1913, art. 4, § 2).

111 *bis.* Dans toutes les élections, le vote a lieu sous enveloppes. Ces enveloppes sont fournies par l'administration préfectorale. Elles doivent être opaques, timbrées du cachet des préfectures ou des sous-préfectures, et de type uniforme pour chaque collège électoral. Elles sont envoyées, dans chaque mairie, cinq jours au moins avant l'élection, en nombre supérieur de moitié à celui des électeurs inscrits. Le maire doit immédiatement en accuser réception. — Le jour du vote, elles sont déposées sur le bureau électoral et tenues à la disposition des électeurs. — Si, par suite d'un cas de force majeure, ou pour toute autre cause, les enveloppes réglementaires font défaut, le président du bureau électoral est tenu de les remplacer par d'autres, d'un type uniforme, timbrées du cachet de la mairie (L. 29 juill. 1913, art. 3).

112 *bis.* A son entrée dans la salle du scrutin, l'électeur, après avoir fait constater son identité suivant les règles et usages établis, ou après avoir fait la preuve de son droit de voter par la production de la décision ou de l'arrêt mentionné à l'art. 23 de la loi municipale du 5 avr. 1884, prend lui-même une enveloppe. Sans quitter la salle du scrutin, il doit se rendre isolément dans la partie de la salle aménagée pour le soustraire aux regards pendant qu'il met son bulletin dans l'enveloppe ; il fait ensuite constater au président qu'il n'est porteur que d'une seule enveloppe ; le président le constate sans toucher l'enveloppe que l'électeur introduit *lui-même* dans l'urne (L. 29 juill. 1913, art. 4, § 1er).

112 *ter.* Tout électeur atteint d'infirmités certaines et le mettant dans l'impossibilité d'introduire son bulletin dans l'enveloppe, et de glisser celle-ci dans la boîte du scrutin, est autorisé à se faire assister par un électeur de son choix (L. 29 juill. 1913, art. 6).

116 *bis.* Après la clôture du scrutin, il est procédé au dépouillement : la boîte du scrutin est ouverte et le nombre des enveloppes est vérifié. Si ce nombre est plus grand ou moindre que celui des émargements, il en est fait mention au procès-verbal. — Le bureau désigne parmi les électeurs présents un certain nombre de scrutateurs sachant lire et écrire, lesquels se divisent par tables de quatre au moins. Si plusieurs candidats ou plusieurs listes sont en présence, il leur sera permis de désigner respectivement les scrutateurs, lesquels devront être répartis également autant que possible par chaque table de dépouillement. Dans ce cas, les noms des électeurs proposés seront remis au président, une heure avant la clôture du scrutin, pour que la liste des scrutateurs par table puisse être établie avant le début du dépouillement. — Le président répartit entre les diverses tables les enveloppes à vérifier. A chaque table, l'un des scrutateurs extrait le bulletin de chaque enveloppe et le passe déplié à un autre scrutateur ; celui-ci le lit à haute voix ; les noms portés sur les bulletins sont relevés par deux scrutateurs au moins sur des listes préparées à cet effet. Si une enveloppe contient plusieurs bulletins, le vote est nul quand ces bulletins portent des listes et des noms différents ; ils ne comptent que pour un seul, quand ils désignent la même liste ou le même candidat (L. 29 juill. 1913, art. 8).

117 *bis*, **118** *bis.* Les bulletins blancs, ceux ne contenant pas une désignation suffisante ou dans lesquels les votants se sont fait connaître, les bulletins trouvés dans la boîte sans enveloppe ou dans des enveloppes non réglementaires, les bulletins écrits sur papier de couleur, les bulletins ou enveloppes portant des signes intérieurs ou extérieurs de reconnaissance, les bulletins ou enveloppes portant des mentions injurieuses pour les candidats ou pour des tiers, n'entrent pas en compte dans le résultat du dépouillement (L. 29 juill. 1913, art. 9, § 1).

125 *bis.* Le recensement général des votes se fait pour toute circonscription électorale au chef-lieu du département en séance publique, au plus tard le mercredi qui suit le scrutin. Il est opéré par une commission composée du président du tribunal civil, président, et des quatre membres du conseil général non candidats, qui y compteront la plus longue durée de fonctions ; en cas de durée égale, le plus âgé se trouvera désigné. Si le président du tribunal civil se trouve empêché, il est remplacé par le vice-président et, à son défaut, par le juge le plus ancien. Les conseillers sont eux-mêmes, en cas d'empêchement, remplacés suivant l'ordre d'ancienneté. L'opération du recensement est constatée par un procès-verbal (Décr. régl. 2 févr. 1852, art. 34, mod. par la loi du 29 juill. 1913, art. 11).

126 *bis.* Aux termes de l'art. 10 de la loi du 29 juill. 1913, le double du procès-verbal des opérations électorales destiné au préfet doit être déposé de suite à la poste sous pli scellé et recommandé à l'adresse de ce fonctionnaire, pour être remis par lui à la commission de recensement.

126 *ter.* Si par suite d'un cas de force majeure le maire a dû remplacer les enveloppes réglementaires par des enveloppes timbrées du cachet de la mairie (V. no 111 *bis*), mention de ce remplacement doit être faite au procès-verbal et cinq des enveloppes dont il a été fait usage doivent y être annexées (L. 29 juill. 1913, art. 3, § 7).

127 *bis.* Tous les bulletins n'entrant pas en compte dans le résultat du dépouillement (V. no 117 *bis*) doivent être annexés au procès-verbal, ainsi que les enveloppes non réglementaires, et contresignés par les membres du bureau. Chacun des bulletins annexés doit porter la mention des causes de l'annexion. — Si l'annexion n'a pas été faite, cette circonstance n'entraîne l'annulation des opérations qu'autant qu'il est établi qu'elle a eu pour but et pour conséquence de porter atteinte à la sincérité du scrutin (L. 29 juill. 1913, art. 9, § 2, 3 et 4).

134 *bis.* En dehors des cas spécialement prévus par les dispositions des lois et décrets actuellement en vigueur, quiconque, soit dans une commission administrative ou municipale, soit dans un bureau de vote ou dans les bureaux des mairies, des préfectures ou sous-préfectures, avant, pendant ou après un scrutin, aura, par inobservation volontaire de la loi ou des arrêtés préfectoraux, ou par tous autres actes frauduleux, violé ou tenté de violer le secret du vote, porté atteinte ou tenté de porter atteinte à sa sincérité, empêché ou tenté d'empêcher les opérations du scrutin, ou qui en aura changé ou tenté de changer le résultat, sera puni d'une amende de cent francs à cinq cents francs (100 fr. à 500 fr.) et d'un emprisonnement d'un mois à un an ou de l'une de ces deux peines seulement. Le délinquant pourra, en outre, être privé de ses droits civiques pendant deux ans au moins et cinq ans au plus. — Si le coupable est fonctionnaire de l'ordre administratif ou judiciaire, agent ou préposé du Gouvernement ou d'une administration publique, ou chargé d'un ministère de service public, la peine sera portée au double. L'art. 463 du Code pénal est applicable aux dispositions ci-dessus (L. 29 juill. 1913, art. 12).

134 *ter.* Toute fraude dans la délivrance ou la production d'un certificat d'inscription ou de radiation des listes électorales, est punie des peines portées à l'art. 12 de la loi du 29 juill. 1913 (L. 29 juill. 1913, art. 1, § 7).

134 *quater.* Toute personne qui aura réclamé et obtenu une inscription sur deux ou plusieurs listes électorales sera punie des peines prévues par l'art. 31 du décret organique du 2 févr. 1852 (L. 29 juill. 1913, art. 1, § 5).

. . . .

137 *bis*. Une réclamation peut être faite par une dépêche télégraphique dont la minute, déposée au bureau de poste, est signée du réclamant (Cons. d'Et., 7 janv. 1905).

. . . .

ENREGISTREMENT

8 *bis*. Pour la perception des droits d'enregistrement sur les échanges et mutations à titre gratuit entre vifs et par décès d'immeubles bâtis non loués autres que les usines, le produit ou revenu annuel de l'immeuble est déterminé par la valeur locative réelle telle qu'elle est établie par l'assiette de la contribution foncière de l'année de l'échange, de la donation ou du décès (Loi du 26 déc. 1908, art. 7).

16 *bis*. La procédure d'expertise en matière d'enregistrement a été simplifiée par l'art. 5 de la loi de finances du 27 févr. 1912.

. . . .

33 *bis*. Pour les successions ouvertes à partir du 1er juill. 1912, et sur la demande de tout légataire ou donataire ou de l'un quelconque des cohéritiers solidaires, le montant des droits de mutation par décès pourra être *acquitté en plusieurs versements semestriels égaux*, dont le premier aura lieu au plus tard six mois après l'expiration du délai pour souscrire la déclaration de succession. — Ces versements sont fixés au nombre de deux, lorsque les droits de mutation sont supérieurs à 10 p. 100 des parts nettes recueillies soit par tous les cohéritiers solidaires, soit par chacun des légataires ou donataires. Ils sont portés au nombre de quatre, lorsque les droits sont égaux ou supérieurs à 10 p. 100, et à six, lorsque les droits sont égaux ou supérieurs à 18 p. 100 desdites parts nettes. — La demande de délai devra être adressée au receveur de l'enregistrement du département où la succession doit être déclarée. Cette demande ne sera recevable que si elle parvient au receveur deux mois au moins avant l'expiration du délai fixé pour la déclaration (Loi du 13 juill. 1911, art. 7).

50 *bis*. Les héritiers, donataires ou légataires qui n'ont pas fait, *dans les délais prescrits*, les déclarations des biens à eux transmis par décès payent, à titre d'amende, 1,50 p. 100, par mois ou fraction de mois de retard, du droit qui est dû pour la mutation. Toutefois, cette amende n'est que de 0,50 p. 100 pour le premier mois et de 1 p. 100 pour chacun des cinq mois suivants. Elle ne peut excéder, en totalité la moitié du droit simple qui est dû pour la mutation. — La peine pour les *omissions* qui sont reconnues avoir été faites dans les déclarations est d'un droit en sus de celui qui est dû pour les objets omis. — La peine est également d'un droit en sus pour les *insuffisances* constatées dans les estimations de biens déclarés, mais elle ne s'applique que lorsque l'insuffisance est égale ou supérieure à un dixième de la valeur déclarée. — Dans tous les cas où l'omission ou l'insuffisance présente le caractère d'une dissimulation frauduleuse, la peine est du double droit en sus de celui qui est dû pour les objets omis ou insuffisamment évalués. — Les tuteurs et curateurs supportent personnellement les peines ci-dessus (Loi du budget du 8 avr. 1910, art. 12).

. . . .

52 *bis*. La peine d'un droit en sus en cas d'omission portant sur des espèces ou des titres de valeurs mobilières au porteur et celle d'un double droit en sus en cas de dissimulation frauduleuse ne peuvent faire l'objet d'aucune remise ou modération (Loi du budget du 8 avr. 1910, art. 12).

53 *bis*. En vertu de la loi du 18 janv. 1912 qui a abrogé l'art. 60 de la loi du 22 frim. an 7, la restitution des droits d'enregistrement régulièrement perçus est maintenant la règle, lorsque des événements survenus depuis la perception légitiment cette restitution. — Toutefois ne sont pas sujets à restitution les droits régulièrement perçus sur les actes et contrats régulièrement révoqués ou résolus par application des art. 954 à 958, 1183, 1184, 1654 et 1659 du Code civil (V. Dict., *Donations entre vifs*, nos 48, 49 et s., 56 et s.; *Condition*, nos 11 et s.; *Vente*, nos 108 et s., 129 et s.). — En cas de rescision d'un contrat pour cause de lésion, ou d'annulation d'une vente pour cause de vices cachés, et, au surplus, dans tous les cas où il y a lieu à annulation, les droits perçus sur l'acte annulé, résolu ou rescindé ne sont restituables que si l'annulation, la résolution ou la rescision a été prononcée par un jugement ou un arrêt, passé en force de chose jugée. — L'annulation, la révocation ou la rescision prononcée, pour quelque cause que ce soit, par jugement ou arrêt, ne donne pas lieu à la perception du droit proportionnel de mutation.

V. Addit., *Donation entre vifs, Succession.*

ENSEIGNEMENT

11 *bis*. Sur la demande des communes et des départements peuvent être créées, pour les *enfants arriérés* des deux sexes : 1o des *classes de perfectionnement*, annexées aux écoles élémentaires publiques; 2o des *écoles autonomes de perfectionnement*, pouvant comprendre un demi-pensionat et un internat. — Les classes annexées reçoivent les enfants de six à treize ans. Les écoles autonomes peuvent continuer la scolarité jusqu'à seize ans en donnant à la fois l'enseignement primaire et l'enseignement professionnel (Loi du 15 avr. 1909, art. 1er).

16 *bis*. Aux termes d'une loi du 11 janv. 1910, l'âge auquel les enfants peuvent se présenter à l'examen du certificat d'études primaires élémentaires est élevé de onze à *douze* ans révolus avant le premier jour du mois de l'examen. Toutefois, les candidats à l'inscription maritime peuvent être mis en possession du certificat d'études primaires dès l'âge de onze ans révolus.

16 *ter*. Une loi du 29 juill. 1910 dispose que les conscrits non pourvus de diplômes ou certificats d'instruction primaire ou secondaire doivent, dès leur arrivée au corps, subir un examen destiné à constater leur degré d'instruction. Il sera organisé, dans chaque corps de troupe, des cours d'instruction élémentaire à l'effet d'assurer cette instruction aux conscrits dont les épreuves auront été jugées insuffisantes.

. . . .

21 *bis*. Un congé de deux mois, avec traitement entier, en dehors des congés pour maladie prévus par le décret du 9 nov. 1853, est accordé aux institutrices, moitié avant, moitié après les couches. Une prolongation de congé peut leur être accordée aux mêmes conditions jusqu'à concurrence de deux autres mois (Loi du 15 mars 1910).

. . . .

ADDITIONS

26 *bis*. Outre cette inscription, les écoles et classes de perfectionnement pour les enfants arriérés (V. ci-dessus, nº 11 *bis*) sont soumises à une inspection médicale organisée par la commune fondatrice ou le département fondateur (Loi du 15 avr. 1909, art. 11).

32 *bis*. Dans les communes d'au moins 500 habitants, les frais de balayage et de nettoyage des classes et locaux constituent une dépense obligatoire pour la commune (Loi du 26 déc. 1908, art. 56).

32 *ter*. Les dépenses ordinaires des écoles de perfectionnement sont supportées par les communes et départements fondateurs (Loi du 15 avr. 1909, art. 5).

33 *bis*. Les dépenses de l'enseignement dans les écoles et classes de perfectionnement sont à la charge de l'Etat dans les conditions prévues pour les écoles primaires (Loi du 15 avr. 1909, art. 5).

35 *bis*. Le diplôme de licencié donne droit à la nomination au poste de directeur, de directrice ou de professeur d'école primaire supérieure (Loi du 26 déc. 1908, art. 54).

37 *bis*, **45** *bis*. Une loi du 17 juill. 1908 permet aux membres de l'enseignement public ou libre de se faire relever, par une décision du Conseil supérieur de l'instruction publique, des déchéances ou incapacités résultant des décisions qui ont prononcé contre eux l'interdiction du droit d'enseigner ou la suspension du droit de diriger un établissement d'enseignement libre. Les demandes en relèvement sont adressées au ministre de l'Instruction publique. Si la demande est rejetée, elle peut être présentée de nouveau après un certain délai.

47 *bis*. Sur les subventions de l'Etat aux communes pour les collèges communaux de garçons, V. Loi du 28 déc. 1910.

73 *bis*. Les études médicales ont été réorganisées par des décrets du 11 janv. 1909 et du 29 nov. 1911.

74 *bis*. Les études en vue du diplôme de pharmacien ont été réorganisées par un décret du 26 juill. 1909.

ÉTRANGER

19 *bis*. La déclaration et le visa peuvent être faits au commissariat de police.

19 *ter*. L'amende de 50 à 200 francs peut être prononcée contre l'étranger qui n'a pas fait viser son certificat d'immatriculation en cas de changement de résidence. Une amende de 100 à 300 francs, un emprisonnement de deux à six mois, et, s'il y a lieu, l'interdiction temporaire ou indéfinie du territoire français peuvent être prononcés contre celui qui a fait sciemment une déclaration fausse ou inexacte ou qui a dissimulé ou tenté de dissimuler son identité à l'aide de faux papiers (L. 8 août 1893, mod. par la loi du 16 juill. 1912).

EXPLOIT

10 *bis*. Une circulaire du ministre de la Justice, du 19 mars 1908, a prescrit la simplification des actes judiciaires et fourni des modèles d'actes simplifiés (*Journ. off.* du 20 mars 1908).

38 *bis*. La loi du 26 déc. 1908 a abrogé, en ce qui concerne les huissiers, les dispositions de l'art. 18 de la loi du 13 brum. an VII et a admis ces officiers ministériels à faire timbrer, avant tout usage, soit à l'extraordinaire, soit au moyen des timbres mobiles créés par la loi du 2 juill. 1862, les formules, imprimées à leurs frais, qu'ils destineront à la rédaction des originaux de leurs actes. Les huissiers ont la faculté d'employer, comme pour les originaux, des formules imprimées sur du papier fourni à leurs frais pour les copies des exploits et des significations de tous jugements, actes ou pièces.

EXPROPRIATION
POUR CAUSE D'UTILITÉ PUBLIQUE

51 *bis*. Les jurés d'expropriation reçoivent, s'ils le requièrent, une indemnité de déplacement lorsque, à raison des fonctions qu'ils doivent remplir, ils sont obligés de se transporter à plus de deux kilomètres de leur résidence. Ils reçoivent de plus, pendant la durée de la session et pour chaque journée, une indemnité de séjour. Le montant de chacune de ces indemnités sera fixé par un règlement d'administration publique. Ces indemnités seront comprises dans les frais de l'expropriation et devront être mises à la charge des parties, conformément à l'art. 40 de la loi du 3 mai 1841 (Loi du 13 juill. 1911, art. 92).

51 *ter*. Aux termes d'un décret du 14 nov. 1911, l'indemnité de déplacement prévue par l'art. 92 de la loi du 13 juill. 1911 est fixée à 10 centimes par kilomètre parcouru, à l'aller et au retour. L'indemnité de séjour est fixée pour chaque journée : à Paris, à 10 francs; dans les villes de 40 000 habitants et au-dessus, à 8 francs; dans les autres villes, à 6 francs.

F

FAMILLES NOMBREUSES. — V. Addit., *Assistance publique.*

FEMMES EN COUCHES. — V. Addit., *Enseignement, Louage de services, Postes, télégraphes, téléphones.*

FILIATION NATURELLE

27 *bis.* — *Reconnaissance judiciaire de la paternité naturelle.* — La loi du 16 nov. 1912 a remplacé l'art. 340 du Code civil par des dispositions nouvelles rendant possible la reconnaissance judiciaire de la paternité naturelle et la réglementant. Aux termes du nouvel art. 340 la paternité hors mariage peut être judiciairement déclarée dans les cinq cas suivants : 1° dans le cas d'enlèvement ou de viol, lorsque l'époque de l'enlèvement ou du viol se rapporte à celle de la conception ; 2° dans le cas de séduction accomplie à l'aide de manœuvres dolosives, abus d'autorité, promesse de mariage ou fiançailles, et s'il existe un commencement de preuve par écrit dans les termes de l'art. 1347 C. civ. ; 3° dans le cas où il existe des lettres ou quelque autre écrit privé émanant du père prétendu, et desquels il résulte un aveu non équivoque de paternité ; 4° dans le cas où le père prétendu et la mère ont vécu en état de concubinage notoire pendant la période légale de la conception ; 5° dans le cas où le père prétendu a pourvu ou participé à l'entretien et à l'éducation de l'enfant en qualité de père.

28 *bis.* La loi a établi deux fins de non-recevoir opposables à l'action en déclaration judiciaire de paternité naturelle : 1° s'il est établi que, pendant la période légale de la conception, la mère était d'une inconduite notoire ou a eu commerce avec un autre individu ; 2° si le père prétendu était, pendant la même période, soit par suite d'éloignement, soit par l'effet de quelque accident, dans l'impossibilité physique d'être le père de l'enfant (art. 340 nouveau, § 2).

29 *bis.* L'action n'appartient qu'à l'enfant. Elle n'appartient ni à ses héritiers, ni à ses successeurs. D'autre part, l'enfant naturel simple y a seul droit, à l'exclusion de l'enfant adultérin ou incestueux. Pendant la minorité de l'enfant, si la mère l'a reconnu, elle a seule qualité pour l'intenter au nom de l'enfant. Elle peut d'ailleurs le faire même si elle est elle-même mineure. A défaut de reconnaissance par la mère, ou si elle est décédée, interdite ou absente, l'action peut être intentée par le tuteur nommé à l'enfant par le tribunal, conformément à l'art. 389 C. civ. Lorsque l'action est intentée par la mère ou le tuteur, elle doit l'être, à peine de déchéance, dans les deux années qui suivent l'accouchement ou, dans les cas prévus sous les nos 4 et 5 (V. no 27 *bis*), pendant les deux années qui suivent la cessation, soit du concubinage, soit de la participation du prétendu père à l'entretien et à l'éducation de l'enfant. Si l'action n'a pas été intentée pendant la minorité de l'enfant, celui-ci conserve le droit de l'intenter pendant l'année qui suit sa majorité.

30 *bis.* Le fait d'intenter de mauvaise foi une action en déclaration de paternité est puni par l'art. 3 de la loi du 16 nov. 1892 des peines portées par l'art. 400 du Code pénal (emprisonnement de un à cinq ans et amende de 50 à 3000 francs). Une interdiction de séjour de cinq à dix ans peut, en outre, être prononcée. Ces peines sont appliquées par le tribunal civil saisi de la demande.

FONDS DE COMMERCE

Loi du 17 mars 1909 (*Petit Code de commerce Dalloz*).

2 *bis.* — I. **Vente d'un fonds de commerce.** — Aux termes de la loi du 17 mars 1909, relative à la vente et au nantissement des fonds de commerce, le privilège du vendeur n'existe à l'égard desdits fonds que si le contrat de vente a eu lieu par acte authentique ou par acte sous seing privé dûment enregistré (V. ci-dessous, no 11-1°).

9 *bis.* L'acquéreur d'un fonds de commerce est tenu : 1° de publier la vente, conformément aux dispositions de la loi du 17 mars 1909 ; 2° de prendre livraison du fonds ; 3° de payer le prix de vente ; 4° d'acquitter les frais de la vente.

10-1°. — 1° *Publication de la vente.* — Toute vente ou cession de fonds de commerce, toute mise en société ou toute attribution par partage ou licitation doit être, dans la quinzaine de sa date, publiée, à la diligence de l'acquéreur, sous forme d'extrait ou d'avis, dans un journal d'annonces légales du ressort du tribunal de commerce où se trouve le fonds, ou, à défaut, dans un journal d'annonces légales de l'arrondissement. Si la vente comprend des succursales du fonds de commerce, la publication doit être faite également dans chacun des ressorts où ces succursales ont leur siège. — La publication doit être renouvelée du huitième au quinzième jour après la première insertion.

10-2°. — 2° *Payement du prix.* — Normalement, le prix doit être payé au vendeur dans le lieu réglé par le contrat et, s'il n'a rien été stipulé à cet égard, au lieu où doit se faire la délivrance. Il est cependant des cas où le payement est fait à d'autres personnes. — Tout d'abord, lorsque le vendeur a des créanciers, et que ceux-ci ont fait opposition, les deniers leur sont distribués par l'acquéreur après vérification des titres de créance. A défaut d'entente entre les créanciers pour cette distribution amiable, l'acquéreur est tenu, sur la sommation de tout créancier, de consigner le prix à la Caisse des dépôts et consignations. Le vendeur peut stipuler encore que le prix sera payé à ses créanciers ou encore céder la créance qu'il a contre l'acquéreur.

10-3°. Conformément à la règle générale, le prix doit être payé au jour convenu et, à défaut de convention, lors de la délivrance. Toutefois, aux termes de la loi du 17 mars 1909, et sous peine de n'être point libéré à l'égard des tiers, l'acquéreur ne doit payer qu'après avoir fait les publications requises et après avoir attendu, pendant dix jours à compter de la seconde insertion, les oppositions possibles des créanciers du vendeur. Par conséquent, quelle que soit la célérité apportée à l'accomplissement des formalités de publicité, aucun payement n'est possible avant le dix-neuvième jour qui suit la vente.

10-4°. Les payements comptant peuvent s'imputer soit sur le prix du fonds, soit sur le prix des marchandises, soit sur celui du matériel. Mais, nonobstant toute convention contraire, les payements partiels faits ensuite s'imputent d'abord sur le prix des marchandises, ensuite sur le prix du matériel. — La loi du 17 mars 1909 prévoit trois cas spéciaux de déchéance du *terme*, au cas où il en a été stipulé un : 1° le déplacement du siège du fonds à l'insu des créanciers inscrits ; 2° le déplacement du fonds sans leur consentement ; 3° l'inscription d'un nantissement sur le fonds. — La revente du fonds de commerce par l'acheteur avant le payement de son prix n'emporte pas déchéance du terme. Le vendeur a, par contre, un droit de suite sur son fonds.

11-1°. — 3° *Garanties du vendeur non payé.* — Le privilège du vendeur qui appartient au vendeur d'un fonds de commerce est subordonné par la loi du 17 mars 1909 à une double condition : 1° la vente du fonds doit être constatée par un acte authentique ou par un acte sous seing privé enregistré ; 2° le privilège doit être inscrit sur un registre public tenu au greffe du tribunal de commerce dans le ressort duquel le fonds est exploité. L'inscription doit être prise, à peine de nullité, dans la quinzaine de la date de l'acte de vente : le jour de la vente n'est pas compris dans le délai de quinzaine, mais le jour de l'échéance y est compté. En cas de faillite ou de liquidation judiciaire de l'acquéreur, l'inscription peut être valablement prise après le jugement déclaratif, pourvu que le vendeur se trouve encore dans le délai de quinze jours.

11-2°. Pour inscrire son privilège, le vendeur représente, soit par lui-même, soit par un tiers, au greffier du tribunal de commerce, l'un des originaux de l'acte de vente s'il est sous seing privé, ou une expédition s'il existe en minute. Il y est joint deux bordereaux écrits sur papier libre et contenant : les noms, prénoms, domiciles et professions du vendeur et de l'acquéreur, la date et la nature du titre, les prix de la vente établis distinctement pour le matériel, les marchandises et les éléments incorporels du fonds, la désignation du fonds de commerce et de ses succursales, élection de domicile par le vendeur dans le ressort du tribunal. — Le greffier remet au requérant l'un des bordereaux au pied duquel il certifie avoir fait l'inscription. — L'inscription conserve le privilège pendant cinq années à compter du jour de sa date. Elle doit être renouvelée avant l'expiration du délai de cinq ans : faute de quoi son effet cesse.

11-3°. L'inscription du privilège du vendeur prime toute autre inscription prise dans le délai de quinze jours du chef de l'acquéreur du fonds. Elle a, en outre, pour effet de rendre la créance du vendeur préférable à celle du créancier de l'acquéreur qui a reçu le fonds en nantissement. Enfin, elle permet au vendeur d'exercer son privilège contre la faillite ou la liquidation judiciaire de l'acquéreur. La loi du 17 mars 1909 déclare, en effet, l'art. 550 c. com. inapplicable au privilège du vendeur d'un fonds de commerce. — Le privilège ne porte que sur les éléments du fonds énumérés dans la vente et dans l'inscription au greffe.

11-4°. Le privilège du vendeur suit le fonds, en quelques mains qu'il passe. Comme conséquence de ce droit de suite, le tiers détenteur qui veut se garantir des poursuites du vendeur a la faculté de purger le fonds du privilège qui le grève. Il faut, toutefois, que la vente n'ait pas été faite judiciairement. Le tiers détenteur qui veut purger son fonds est tenu, à peine de déchéance, de notifier à tous les créanciers inscrits, au domicile élu par eux dans leurs inscriptions, et dans la forme prescrite par la loi, son offre d'acquitter les dettes inscrites, jusqu'à concurrence de son prix, sans distinction des dettes exigibles ou non exigibles.

11-5°. Le droit de purger accordé au tiers détenteur entraîne, au profit des créanciers inscrits, celui de requérir la mise aux enchères publiques du fonds de commerce, en s'engageant à former une surenchère du dixième. Cette réquisition doit être signifiée au tiers acquéreur et au débiteur précédent propriétaire, avec assignation devant le tribunal de commerce pour voir statuer, en cas de contestation, sur la validité de la surenchère, et voir ordonner qu'il sera procédé à la mise aux enchères publiques du fonds. Le délai pour faire cette signification est de quinze jours, à compter de la notification du tiers détenteur à fin de purge.

11-6°. Les formalités de la procédure et de la revente sont accomplies à la diligence du surenchérisseur et, à son défaut, de tout créancier inscrit ou de l'acquéreur. A défaut d'enchère, le surenchérisseur est déclaré adjudicataire. En sus du fonds proprement dit, l'adjudicataire est tenu de prendre le matériel et les marchandises. L'adjudicataire a à sa charge, outre son prix d'adjudication, le remboursement au tiers acquéreur des frais et loyaux coûts de son contrat, ceux de notification à fin de purge, ceux d'inscription du privilège du vendeur et de publicité de la vente.

11-7°. — 4° *Action résolutoire du vendeur.* — En cas de non-payement du prix par l'acquéreur, le vendeur d'un fonds de commerce peut, comme tout vendeur de meubles, demander la résolution de la vente. Toutefois, l'action résolutoire ne peut produire effet que si elle a été réservée expressément dans l'inscription prise au greffe par le vendeur du fonds. A l'égard des tiers (créancier gagiste de l'acquéreur, tiers acquéreur), l'action ne peut être exercée après l'extinction du privilège du vendeur. En d'autres termes, son sort est lié à celui du privilège ; elle ne lui survit pas. — Le vendeur qui exerce l'action résolutoire doit la notifier aux créanciers inscrits sur le fonds. Le jugement ne peut intervenir qu'après un mois écoulé depuis la notification. — De même que le privilège, l'action résolutoire du vendeur est limitée aux seuls éléments qui ont fait partie de la vente.

11-8°. — 5° *Garanties du vendeur en cas de déplacement du fonds.* — Le propriétaire du fonds doit faire connaître aux créanciers inscrits et, notamment, au vendeur, quinze jours au moins à l'avance, son intention de déplacer le fonds et le nouveau siège qu'il entend lui donner. — Dans la quinzaine de l'avis qui leur est notifié, les créanciers doivent faire mentionner, en marge de l'inscription existante, le nouveau siège du fonds et, si le fonds est transféré dans un autre ressort, faire reporter à sa date l'inscription primitive sur le registre du tribunal du nouveau siège. — A défaut par le propriétaire du fonds de se conformer à l'obligation qui lui est imposée, la *déchéance du terme* est encourue de plein droit; la créance du vendeur (et celle du créancier gagiste) devient immédiatement exigible. — Si les créanciers inscrits s'opposent au déplacement du fonds, le propriétaire ne peut passer outre sans s'exposer à se voir actionner en déchéance du terme, alors du moins qu'il résulte du déplacement une dépréciation du fonds.

11-9°. — 6° *Garanties des créanciers du vendeur. — Publicité des cessions de fonds de commerce ; oppositions au payement du prix.* — Dans un délai maximum de dix jours après la seconde insertion dans un journal d'annonces légales de l'avis de cession du fonds de commerce, tout créancier du vendeur, que sa créance soit ou non exigible, peut former, au domicile élu dans la publication, opposition au payement du prix; l'opposition doit, à peine de nullité, énoncer le chiffre et les causes de la créance. — La conséquence de cette opposition est de rendre inopposables aux créanciers qui se sont fait connaître dans le délai prescrit tous transports amiables ou judiciaires du prix ou de partie du prix.

11-10°. — 7° *Surenchère du sixième.* — Pendant les *vingt jours* qui suivent la seconde insertion, une expédition de l'acte de vente est tenue, au domicile élu dans la publication, à la disposition des créanciers du vendeur pour être consultée sans déplacement. Pendant ce même délai, chacun des créanciers peut prendre connaissance des oppositions et, si le prix ne suffit pas à désintéresser les créanciers inscrits et opposants, former une *surenchère du sixième* du prix principal du fonds de commerce, non compris le matériel et les marchandises. — La procédure à suivre est la même que celle prescrite pour la surenchère du dixième (V. ci-dessus, n° 11-5°). L'adjudication a lieu aux mêmes conditions et délais que la vente sur laquelle la surenchère est intervenue.

11-11°. — 8° *Vente forcée.* — Le fonds de commerce constitue le gage commun des créanciers inscrits (vendeur non payé, créancier gagiste) et des créanciers chirographaires du commerçant. Lorsque leurs créances sont exigibles, ils peuvent, à défaut de payement par le débiteur, *réaliser leur gage,* c'est-à-dire faire ordonner par justice la *vente du fonds aux enchères publiques.* La loi du 17 mars 1909 règle cette procédure de réalisation du gage. — La vente publique du fonds peut être demandée dans quatre cas : 1° après des poursuites de saisie-exécution exercées par tout créancier sur les éléments corporels du fonds; 2° après sommation de payer faite par les créanciers inscrits et demeurée infructueuse ; 3° au cours de poursuites judiciaires à fin de payement d'une créance se rattachant au fonds ; 4° au cours de poursuites tendant à la vente séparée d'un ou plusieurs éléments du fonds.

11-12°. Le tribunal, saisi d'une demande à fin de vente publique d'un fonds de commerce, nomme, s'il y a lieu, un administrateur provisoire du fonds, fixe les mises à prix, détermine les conditions principales de la vente, commet pour y procéder un officier public qui dresse le cahier des charges. Le tribunal statue dans la quinzaine de la première audience : le jugement n'est pas susceptible d'*opposition. L'appel* est suspensif; il

est formé dans la quinzaine de la signification du jugement à partie et jugé sommairement dans le mois : l'arrêt est exécutoire sur minute. — Le créancier qui poursuit la vente publique fait sommation, au propriétaire du fonds et aux créanciers inscrits antérieurement à la décision qui a ordonné la vente, de prendre communication du cahier des charges, de fournir leurs dires et observations et d'assister à l'adjudication si bon leur semble. La vente est annoncée, dix jours à l'avance au moins, au moyen d'*affiches* apposées à la porte de l'immeuble, de la mairie de la commune où le fonds est situé, du tribunal de commerce dans le ressort duquel il se trouve et de l'officier public commis. En outre, un avis est inséré dans un journal d'annonces légales. La vente ne peut avoir lieu que dix jours au moins après l'apposition des affiches.

11-13°. — 9° *Apport d'un fonds de commerce à une société.* — La loi du 17 mars 1909 prescrit, pour la mise en société d'un fonds de commerce, les mêmes mesures de *publicité* que pour la vente. D'autre part, dans la quinzaine de la publication de l'acte de société contenant apport d'un fonds de commerce, tout créancier non inscrit de l'associé apporteur peut faire connaître au greffe du tribunal de commerce où l'acte a été déposé la qualité du créancier et la somme qui lui est due. Les coassociés de celui qui a fait l'apport connaîtront ainsi le passif qui grevait le fonds et qui a pu leur être dissimulé. Chacun d'eux pourra, dès lors, dans la quinzaine suivant la déclaration, demander soit la dissolution de la société, soit l'annulation de l'apport.

. . . .

16 *bis.* — IV. **Nantissement des fonds de commerce.** — V. Addit., *Nantissement.*

. . . .

25 *bis.* — V. **Enregistrement.** — L'inscription au greffe de la créance du vendeur donne lieu à la perception d'un droit de cinq centimes par cent francs (0 fr. 05 p. 100), sans addition de décimes. — Les *bordereaux* d'inscription, ainsi que les *états* ou *certificats* et *copies d'acte de vente* sous seing privé, délivrés par les greffiers, sont exempts de la formalité de l'enregistrement. — Les actes de consentement à *mainlevées* totales ou partielles d'inscription sont assujettis à un droit de deux centimes et demi par cent francs (0 fr. 025 p. 100).

. . . .

FORÊTS

2 *bis.* La loi du 2 juill. 1913 (art. 1er) a soumis au régime forestier : 1° les bois et forêts des départements; 2° les bois, forêts et terrains à boiser des associations reconnues d'utilité publique et des sociétés de secours mutuels approuvées.

. . . .

98 *bis.* L'Administration forestière peut se charger de la conservation et de la régie des bois des particuliers et des sociétés moyennant une redevance annuelle et sous des conditions fixées par contrat. L'autorisation de l'Administration est, dès lors, nécessaire pour que les propriétaires ou administrateurs puissent céder à des tiers des droits d'usage ou procéder à des coupes tant ordinaires qu'extraordinaires (L. 2 juill. 1913, art. 3).

. . . .

H

HABITATIONS A BON MARCHÉ

1 *bis*. La loi du 12 avr. 1906 a été modifiée et complétée par celle du 23 déc. 1912.

2 *bis*. La loi du 23 déc. 1912 prévoit l'institution *d'offices publics d'habitations à bon marché* ayant pour objet exclusif l'aménagement, la construction et la gestion d'immeubles salubres régis par la loi du 12 avr. 1906, ainsi que l'assainissement de maisons existantes, la création de cités-jardins ou de jardins ouvriers (art. 11).

3 *bis*. Les maxima que ne peut dépasser la valeur locative de chaque logement dans les maisons destinées à l'*habitation collective* sont aujourd'hui fixés par la loi elle-même. Ils varient, suivant le chiffre de population de la commune et l'importance du logement, de 70 francs à 600 francs (L. 12 avr. 1906, art. 5, § 1er, mod. par la loi du 23 déc. 1912, art. 2). Ces chiffres servent également à déterminer le maximum de valeur locative réelle des *maisons individuelles* appelées à bénéficier des avantages de la loi.

4 *bis*. La portion du patrimoine des bureaux de bienfaisance et d'assistance, des hospices et des hôpitaux que ces établissements peuvent employer à la construction d'habitations à bon marché est aujourd'hui de *deux cinquièmes* (L. 12 avr. 1906, art. 6, mod. par la loi du 23 déc. 1912, art. 3). La loi du 23 déc. 1912 a apporté quelques modifications aux conditions dans lesquelles les départements et les communes peuvent exercer le même droit (art. 3, § 2 et 3).

8 *bis*. L'exemption de la contribution foncière et de celle des portes et fenêtres accordée aux habitations à bon marché cesse de plein droit : 1° si, par suite de transformation ou d'agrandissements, l'immeuble perd le caractère d'habitation à bon marché et acquiert une valeur sensiblement supérieure au maximum légal ; 2° si le taux des loyers dépasse les maxima fixés à l'art. 5, § 1er, de la loi ; 3° en cas de retrait du certificat de salubrité ou de refus du propriétaire de se soumettre aux vérifications annuelles du comité de patronage (L. 12 avr. 1906, art. 9, mod. par la loi du 23 déc. 1912, art. 4). — L'art. 9 de la loi du 12 avr. 1906 a accordé l'exemption de la taxe de mainmorte aux sociétés qui s'occupent exclusivement de constructions à bon marché. — L'art. 3 de la loi du 26 déc. 1908 a étendu cette exemption aux sociétés *reconnues d'utilité publique*, qui se livrent (mais non exclusivement) à des opérations de construction et de vente d'habitations à bon marché. Toutefois, cette exemption ne s'applique pas aux maisons occupées, exploitées ou mises en location par ces sociétés.

9 *bis*. Les sociétés de crédit immobilier peuvent, sur leur demande, recevoir du Gouvernement, comme les caisses régionales de crédit mutuel agricole, des avances spéciales leur permettant de consentir des prêts individuels à long terme destinés à faciliter l'acquisition, l'aménagement, la transformation et la reconstitution des petites exploitations rurales (Loi du 19 mars 1910, art. 4).

9 *ter*. Pour obtenir des prêts de l'Etat, les sociétés de crédit immobilier doivent se constituer sous la forme anonyme et au capital minimum de 100 000 francs. Le dividende annuel à servir aux actionnaires ne doit pas dépasser 4 p. 100 (L. 10 avr. 1908, art. 4, mod. par L. 26 févr. 1912).

11 *bis*. Les emprunts contractés par les offices publics d'habitations à bon marché sont dispensés de l'impôt sur le revenu établi par la loi du 29 juin 1872. Ces offices sont, en outre, exonérés des droits de timbre pour leurs titres d'obligations (L. 30 juill. 1913, art. 15).

HEURE LÉGALE

L'heure légale, en France et en Algérie, est l'heure temps moyen de Paris, retardée de neuf minutes vingt et une secondes (Loi du 9 mars 1911).

HONNEURS-PRÉSÉANCES

2 *bis*. Le décret du 16 juin 1907 a été modifié par celui du 8 juill. 1908.

HYGIÈNE ET SÉCURITÉ DES TRAVAILLEURS

Décr. 23 avr. 1908, L. 20 juill. 1909
(*Petit Code du travail Dalloz*).

4 *bis*. Un décret du 23 avr. 1908 a prescrit des mesures particulières d'hygiène dans les industries où le personnel est exposé à l'*intoxication saturnine*. — D'autre part, l'emploi de la *céruse*, de l'huile de lin plombifère et de tout produit spécialisé renfermant de la céruse sera interdit à l'expiration de la cinquième année qui suivra la promulgation de la loi du 20 juill. 1909, dans tous les travaux de peinture, de quelque nature qu'ils soient, exécutés par les ouvriers peintres, tant à l'extérieur qu'à l'intérieur des bâtiments, et cela indépendamment des mesures prescrites par la loi du 12 juin 1893. Un règlement d'administration publique indiquera, s'il y a lieu, les travaux spéciaux pour lesquels il pourra être dérogé aux dispositions précédentes (Loi du 20 juill. 1909, art. 1, 2, 3). — Les inspecteurs du travail sont chargés d'assurer l'exécution de la loi. A cet effet, ils ont entrée dans tous les établissements, ateliers, chantiers, bâtiments, etc.

. . . .

HYPOTHÈQUES

28 *bis*. Il est fait exception à la règle posée par l'art. 2125 du Code civil en ce qui concerne l'hypothèque consentie par tous les copropriétaires d'un immeuble indivis, laquelle conserve son effet, quel que soit ultérieurement le résultat de la licitation ou du partage (Loi du 31 déc. 1910).

. . . .

I

IMPOTS DIRECTS

2 *bis*, **4** *bis*, **15** *bis*, **16** *bis*, **65** *bis*, **68** *bis* et s., **92** *bis* et s., **107** *bis* et s. A partir du 1er janv. 1915, la contribution foncière des propriétés non bâties sera transformée en un impôt de quotité calculé sur les 4/5 de la valeur locative de ces propriétés telle qu'elle résulte de l'évaluation effectuée en exécution de la loi du 31 déc. 1907. A partir de la même date, la contribution des portes et fenêtres et la contribution personnelle-mobilière seront supprimées et remplacées par un impôt général et progressif sur le revenu (L. 30 juill. 1913, art. 3).

27 *bis*. Un décret du 25 juin 1911 a autorisé l'acquittement des contributions directes et des taxes assimilées dans les bureaux de poste au moyen d'un mandat spécial appelé *mandat-contributions*. Le reçu de la poste est libératoire.

34 *bis*. Le délai de trois jours prescrit au propriétaire pour s'exonérer de toute responsabilité en cas de déménagement furtif du locataire a été porté à *huit* jours par l'art. 4 de la loi du 9 juill. 1906. Le même article remplace la *constatation* du juge de paix, du maire ou du commissaire de police par une simple *déclaration* au percepteur.

68 *bis*. L'art. 3 de la loi de finances du 31 déc. 1907 a prescrit l'exécution des opérations prévue par la loi du 21 juill. 1894, et ayant pour but de déterminer le revenu net actuel des propriétés foncières non bâties.

85 *bis*. Ligne 2, *au lieu de :* pendant cinq ans, *lire :* pendant douze ans.

92 *bis*. Ligne 5, *supprimer :* les domestiques, les chevaux et voitures, les cheminées.

120 *bis*. L'art. 3 de la loi de finances du 27 févr. 1912 accorde une exemption temporaire de l'augmentation de leur patente aux boulangers, n'occupant pas plus de deux ouvriers, qui installent le pétrin mécanique.
121 *bis*. Les unions de sociétés de secours mutuels ne sont pas passibles des droits de patente pour les pharmacies qu'elles ont établies en con-

formité de l'art. 8 de la loi du 1er avr. 1898 (Loi du 8 avr. 1910, art. 3).

133 *bis*. L'art. 2 de la loi de finances du 27 févr. 1912 a soumis à un régime spécial, comportant une majoration des droits fixe et proportionnel, les patentables qui exploitent plus de cinq établissements, boutiques ou magasins pour la vente des denrées ou marchandises, à l'exception des fabricants vendant exclusivement les produits de leur fabrication.

164 *bis*. Depuis le 1er janv. 1913, la taxe des biens de mainmorte est calculée à raison de 170 centimes par franc du principal de la contribution foncière des propriétés bâties et de 105 centimes par franc du principal des propriétés non bâties, sauf en ce qui concerne les biens appartenant aux départements, aux communes et aux établissements publics d'assistance et de bienfaisance à l'égard desquels le nombre de ces centimes demeure tel qu'il était antérieurement (L. 30 juill. 1913, art. 2).

166 *bis*. V. Addit., *Mines, minières, carrières,* n° 23 *bis*.

178 *bis*. La taxe sur les voitures automobiles a été fixée à nouveau par les art. 5, 6 et 7 de la loi de budget du 8 avr. 1910. Le tarif modifié concerne les voitures de plus de 12 chevaux et s'élève, à Paris et dans les autres communes, aux chiffres suivants : pour chaque cheval-vapeur ou fraction de cheval, du 1er au 12e, 5 francs ; du 13e au 24e, 7 francs, du 25e au 36e, 9 francs ; du 37e au 60e, 12 francs ; à partir du 61e, 15 francs.
178 *ter*. Les voitures automobiles importées par des personnes venant faire un séjour temporaire de plus de quatre mois consécutifs en France, et non soumises à l'impôt direct pour ces véhicules, sont assujetties à une taxe spéciale, représentative de la taxe directe, et fixée comme il suit, par période de 360 jours : pour les voitures à une ou deux places, 50 francs ; pour les voitures à plus de deux places, 90 francs ; pour chaque cheval-vapeur ou fraction de cheval, du 1er au 12e, 5 francs ; du 13e au 24e, 7 francs ; du 25e au 36e, 9 francs ; du 37e au 60e, 12 francs ; à partir du 61e, 15 francs. Ces taxes sont perçues proportionnellement à la durée du séjour des voitures en France.

ADDITIONS

179 *bis.* Les possesseurs de voitures automobiles doivent indiquer dans leur déclaration la catégorie à laquelle appartient chaque élément d'imposition eu égard au nombre de places et à la force en chevaux-vapeur du moteur (Loi du 8 avr. 1910, art. 5).

186 *bis.* — 7° *Taxe sur les gardes-chasse.* — L'art. 6 de la loi du 30 juill. 1913 a institué une taxe annuelle sur les gardes particuliers commissionnés pour la surveillance de la chasse. Cette taxe est à la charge des personnes par qui les gardes sont commissionnés. Elle est fixée à 20 francs pour le premier garde et à 40 francs par chaque garde en sus du premier. L'imposition est établie dans la commune où est située la propriété gardée. Les redevables sont tenus de faire par écrit à la mairie de cette commune, avant le 31 janvier de chaque année, la déclaration du nombre des gardes qui sont à leur service. Les taxes sont doublées pour chacun des gardes non déclarés. L'assiette et le recouvrement de la taxe ont lieu comme en matière de contributions directes. Toutefois la taxe est payable en un seul versement dans le mois qui suit la publication du rôle.

186 *ter.* — 8° *Taxe pour la répression des fraudes.* — Pour subvenir aux frais de surveillance en vue de la répression des fraudes, l'art. 7 de la loi du 30 juill. 1913 a institué une taxe annuelle de 1 franc sur tout établissement affecté à la vente en détail des boissons, denrées alimentaires pour l'homme et les animaux, produits agricoles ou naturels, engrais, substances vénéneuses, drogues et produits chimiques ou photographiques. Les pharmacies, les fabriques et dépôts d'eaux minérales, les fabriques de margarine ou d'oléo-margarine sont seuls exemptés de cette taxe, mais ils restent soumis aux droits de visite qui sont supprimés pour les autres établissements. — Les rôles de cette taxe sont établis, publiés et recouvrés comme en matière de contributions directes.

187 *bis.* Sont exempts de la formalité du timbre et de l'enregistrement les actes et pièces relatifs aux commandements, saisies et ventes ayant pour objet le recouvrement des contributions directes et des taxes assimilées. Les frais de poursuite sont calculés d'après un tarif édicté par l'art. 20 de la loi du 18 juill. 1911. Les sommations avec frais et les commandements circulent en franchise.

IMPOTS INDIRECTS

5 *bis.* Les sociétés coopératives agricoles constituées conformément à l'art. 4, § 2, de la loi du 29 déc. 1906, et vendant exclusivement les récoltes de leurs membres, vinifiées en commun, sont exonérées du payement de la licence (Loi du 26 déc. 1908, art. 16). Cette exemption paraît devoir s'appliquer également aux groupements de fait établis entre vignerons pour la vinification de leurs récoltes.

16 *bis.* En cas de faillite, ou de liquidation judiciaire, le concordat ne peut être opposé à la Régie en ce qui concerne la contrainte par corps exercée pour le recouvrement des amendes (Loi du 15 juill. 1907, art. 5).

17 *bis.* Les contribuables de qui il a été exigé ou perçu quelque somme soit au delà du tarif légal, soit en vertu de tarifs illégaux, peuvent en réclamer la restitution. Leur demande doit être formée dans les six mois; elle est instruite et jugée dans les formes observées en matière de domaines, c'est-à-dire conformément à l'art. 65 de la loi du 22 frim. an 7 et à l'art. 17 de la loi du 27 vent. an 9 (Loi du 28 avr. 1816, art. 247, § 3 et 4, modifié par l'art. 65 de la loi du 8 avr. 1910).

29 *bis.* Chaque opération de dénaturation de boissons destinées à la fabrication des vinaigres est précédée d'une déclaration faite à la recette buraliste, deux jours à l'avance pour les localités où il existe un poste d'employés, et quatre jours à l'avance en tous autres lieux (Loi du 26 déc. 1908, art. 15). Les contraventions à cette disposition sont punies d'une amende de 50 à 5000 francs et de la confiscation (Même art.).

47 *bis.* Les contraventions aux lois et règlements sur le phosphore sont sanctionnées, indépendamment des pénalités actuellement en vigueur, par le payement d'une somme égale au double de la valeur des allumettes susceptibles d'être produites, calculée à raison de 1000 francs par kilogramme de phosphore fabriqué, détenu, vendu ou ayant circulé illicitement (Loi du 26 déc. 1908, art. 20).

60 *bis.* — X. **Impôt sur les distributeurs automatiques.** — Tous distributeurs de jetons de consommation, et, d'une manière générale, tous appareils dont le fonctionnement repose sur l'adresse ou le hasard et qui sont destinés à procurer une consommation moyennant enjeu, lorsque l'usage n'en est pas interdit par des arrêtés préfectoraux ou municipaux, sont soumis, chez les débitants de boissons, à une taxe annuelle de 10 francs par appareil. Aucun appareil ne peut être installé dans un débit sans avoir été revêtu d'une plaque fournie par l'administration des Contributions indirectes contre payement de l'impôt. Les plaques sont renouvelées tous les ans et valables du 1er janvier au 31 décembre (Loi du 8 avr. 1910, art. 39, modifié par l'art. 5 de la loi du 24 déc. 1910).

INDUSTRIE-COMMERCE

1 *bis.* Le conseil supérieur de statistique a été rattaché au ministère du Travail par décret du 23 mai 1907.

20 *bis.* Dernière ligne, *au lieu de :* 100 francs, *lire :* 200 francs.

24 *bis.* Le même droit appartient, dans l'étendue du département, au préfet sur avis conforme du conseil général (L. 30 juill. 1913, art. 46).

28 *bis.* Une loi du 16 juill. 1912 a réglementé l'exercice des professions *ambulantes.* Elle impose à tous individus domiciliés en France ou y possédant une résidence fixe, qui veulent, quelle que soit leur nationalité, exercer une profession, une industrie ou un commerce *ambulants,* l'obligation d'en faire la *déclaration* à la préfecture ou à la sous-préfecture de l'arrondissement où ils ont leur domicile ou leur résidence fixe. — D'autre part, tous individus de nationalité étrangère, qui, n'ayant en France ni domicile ni résidence fixe, voudront circuler sur le territoire français pour exercer la profession de commerçants ou industriels forains, doivent demander un *carnet d'identité* qui leur est délivré par les préfets ou les sous-préfets et qu'ils doivent présenter à toute réquisition des officiers de police judiciaire ou des agents de la force ou de l'autorité publique. — Toute infraction est punie d'une amende de 16 à 100 francs et d'un emprisonnement de cinq jours à un mois ou d'une de ces deux peines seulement. — Ces dispositions ne sont pas applicables aux salariés de toute catégorie travaillant d'habitude dans les entreprises industrielles, commerciales ou agricoles. — L'exécution de la loi du 16 juill. 1912 a été réglementée par un décret du 16 févr. 1913 (*Bull. Dalloz*, 1913, p. 106).

. . . .

INSTRUCTION CRIMINELLE

25 *bis*. En vertu de la loi du 25 nov. 1912 qui a complété l'art. 116 du code d'instr. crim., en matière de grand criminel l'accusé peut en tout état de cause demander sa mise en liberté provisoire à la chambre des mises en accusation, non plus seulement jusqu'à l'arrêt de renvoi devant la cour d'assises, mais jusqu'à la comparution devant celle-ci.

. . . .

41. Infractions à la loi pénale commises par des mineurs de moins de treize ans. — Les mineurs de l'un ou de l'autre sexe âgés de moins de treize ans, auxquels est imputée une infraction à la loi pénale qualifiée de *crime* ou *délit,* ne sont pas déférés à la juridiction répressive. — Ils peuvent seulement être soumis, suivant les cas, à des mesures de tutelle, de surveillance, d'éducation, de réforme et d'assistance ordonnées par le tribunal civil statuant en chambre du conseil. Le tribunal du lieu de l'infraction, celui de la résidence des parents ou du tuteur et celui du lieu où l'enfant a été trouvé, sont également compétents. Dans les tribunaux où existent plusieurs chambres, le président désigne celle qui statuera sur les affaires relatives aux mineurs de treize ans (L. 22 juill. 1912, art. 1er).

42. Le tribunal statue en chambre du conseil, après avoir entendu l'enfant, les témoins, les parents, le tuteur ou le gardien, le rapporteur s'il en a été commis, ainsi que le ministère public et le défenseur. — L'affaire est jugée en audience non publique. Peuvent, toutefois, y assister les membres des comités de défense des enfants traduits en justice, les membres des sociétés de patronage, etc. La décision motivée est lue en audience publique. — Si la prévention est établie, la chambre du conseil prend une des mesures suivantes : 1° remise de l'enfant à sa famille ; 2° placement, jusqu'à la majorité, chez une personne digne de confiance ou dans une institution charitable ; 3° remise à l'assistance publique (L. 22 juill. 1912, art. 6).

43. La faculté d'*appeler* du jugement appartient au mineur, à son père, à sa mère, à son tuteur, à son gardien et au ministère public. La décision sur l'appel est rendue en chambre du conseil par la cour d'appel ou l'une des chambres de la cour d'appel désignée par le premier président (L. 22 juill. 1912, art. 9).

44. Les *contraventions* commises par les mineurs de treize ans sont déférées au tribunal de simple police siégeant dans le cabinet du juge de paix, hors la présence du public et en présence des parents, gardien ou tuteur. Si la contravention est établie, le juge adresse une réprimande au mineur ou aux parents. En cas de récidive, le mineur est traduit devant le tribunal civil statuant en chambre du conseil (L. 22 juill. 1912, art. 14).

45. Infractions à la loi pénale commises par des mineurs de treize à dix-huit ans. — Les *crimes* et les *délits* emportant peine d'emprisonnement, commis par les mineurs de treize à dix-huit ans, sont soumis aux tribunaux correctionnels. Le renvoi est ordonné par le juge d'instruction ou la chambre des mises en accusation. La voie de la citation directe n'est pas admise (L. 22 juill. 1912, art. 15).

46. Dans tous les cas de crimes ou de délits imputables à des mineurs de treize à dix-huit ans, le magistrat instructeur peut, en tout état de cause, ordonner, le ministère public entendu, que la *garde provisoire* du mineur sera confiée à sa famille, à un parent, à une personne digne de confiance, à une institution charitable ou à l'assistance publique. Cette mesure est toujours révocable.

47. Dans les tribunaux où il existe plusieurs juges d'instruction, un ou plusieurs de ces magistrats, désignés par le premier président sur la proposition du procureur général, sont chargés spécialement de l'instruction des inculpations dont sont l'objet les mineurs de dix-huit ans.

48. Dans chaque arrondissement, le tribunal de première instance se forme en tribunal pour enfants et adolescents, pour juger dans une audience spéciale les mineurs de treize à seize ans auxquels sont imputés des crimes ou des délits et les mineurs de seize à dix-huit ans qui ne sont inculpés que de délits. Au tribunal de la Seine et dans les tribunaux composés de plusieurs chambres, il est formé une chambre spéciale, dite tribunal pour enfants et adolescents. Les appels sont jugés par les cours d'appel dans une audience spéciale et dans les mêmes conditions.

49. Chaque affaire est jugée séparément en l'absence de tous autres prévenus. Sont seuls admis à assister aux débats les témoins de l'affaire, les proches parents du mineur, les tuteur et subrogé-tuteur du mineur, les membres du barreau, les représentants de l'assistance publique, les membres, agréés par le tribunal, des sociétés de patronage, des comités de défense des enfants traduits en justice et des autres institutions charitables s'occupant des enfants, les délégués du tribunal et les représentants de la presse. La publication du compte rendu des débats est interdite, ainsi que la reproduction de portraits des mineurs poursuivis et de toute illustration les concernant. Les infractions sont punies d'une amende de 100 à 2000 francs. Le jugement ou l'arrêt est rendu en audience publique et peut être publié, mais sans que le nom du mineur puisse être indiqué autrement que par une initiale.

50. Lorsqu'un mineur de treize à dix-huit ans est impliqué comme auteur principal, coauteur ou complice dans la même cause que des inculpés présents plus âgés, l'affaire est portée devant la juridiction de droit commun. Il en est de même, en matière de *crimes*, pour les mineurs de treize à seize ans. Lorsque le mineur a été renvoyé devant la juridiction de droit commun avec des inculpés présents plus âgés, l'audience est publique.

. . . .

J

JEU-PARI

10 *bis.* Les seuls jeux autorisés sont : le baccara à deux tableaux, le baccara chemin de fer, l'écarté, les petits chevaux, le whist, le bridge, le besigue et le piquet (Décr. 21 juin et 17 août 1907, 7 avr. 1909). L'autorisation temporaire n'est accordée par le ministre de l'Intérieur que sur l'avis conforme du conseil municipal et après enquête. — L'autorisation peut être révoquée par le ministre de l'Intérieur. — Le retrait de l'autorisation ne donne lieu à aucune indemnité (Loi du 15 juin 1907).

15 *bis.* L'art. 4, § 1er, de la loi du 2 juin 1891 sur les courses de chevaux a été remplacé par la disposition suivante de la loi du 4 juin 1909 : « Quiconque aura *habituellement*, en quelque lieu et sous quelque forme que ce soit, offert, donné ou reçu des paris sur les courses de chevaux, soit directement, soit par intermédiaire, sera passible des peines portées à l'art. 410 C. pén. » La loi nouvelle fait du délit d'exploitation du pari aux courses un *délit d'habitude*, analogue aux délits d'usure, d'excitation de mineurs à la débauche, de recel de malfaiteurs.

JOUR FÉRIÉ. — V. Addit., *Lettre de change.*

JUGE

4 *bis.* Le décret du 13 févr. 1908 a été modifié, dans certaines de ses dispositions, par celui du 10 déc. 1908.

11 *bis.* Les juges suppléants au tribunal de la Seine reçoivent un traitement annuel de 4000 francs. Ces magistrats sont soumis à des règles spéciales en ce qui concerne les conditions de *nomination* et de *titularisation* sur place (L. 27 févr. 1912, art. 35).

JURY-JURÉ

26 *bis.* Les membres du jury qui se trouvent hors d'état de subvenir aux frais de leur déplacement peuvent requérir du président du tribunal et, à défaut, du juge de paix du lieu de leur résidence, un mandat provisoire à compte sur ce qui pourra leur revenir pour leur indemnité. Le receveur de l'Enregistrement paye le mandat (Décr. 28 juin 1909).

JUSTICE MILITAIRE

3. Aux termes de la loi du 30 déc. 1911, en temps de paix les condamnés à mort par un conseil de guerre ou par un tribunal de la marine siégeant dans la métropole auront la tête tranchée. Néanmoins seront fusillés ceux qui auront commis un crime exclusivement militaire.

JUSTICE DE PAIX

5 *bis.* Aucun droit de vacation n'est accordé aux juges de paix. Il leur est alloué une indemnité de transport quand ils se rendent à plus de deux kilomètres de leur chef-lieu de canton. Un règlement d'administration publique déterminera le montant de cette indemnité, dont le tarif, applicable à tous les transports en matière civile, ne pourra être inférieur à celui établi par le décret du 31 mai 1900 (Loi du 13 juill. 1911, art. 94).

L

LETTRE DE CHANGE

85 *bis.* Aux termes d'une loi du 29 oct. 1909, lorsque la fête légale du 1er novembre (la Toussaint) tombe un lundi, aucun payement d'aucune sorte ne peut être exigé, ni aucun protêt dressé le lendemain 2 novembre.

85 *ter.* En vertu de la loi du 27 janv. 1910, dans le cas de mobilisation de l'armée, de fléau ou de calamité publique (telle qu'une inondation), d'interruption des services publics gérés par l'Etat, les départements ou les communes ou soumis à leur contrôle, des décrets rendus en conseil des ministres peuvent, pour tout ou partie du territoire, *proroger les délais* dans lesquels doivent être faits les *protêts* et les autres actes destinés à conserver les recours pour toutes les valeurs négociables. Pendant la durée de la session des Chambres, les dérogations ne peuvent dépasser trente jours francs. Pendant l'intervalle des sessions, la prorogation peut être renouvelée une ou plusieurs fois. — Dans les mêmes circonstances et sous les mêmes conditions, les *échéances* des valeurs négociables peuvent être prorogées (Loi du 24 déc. 1910).

85 *quater.* Les lois du 20 déc. 1906 (Dict., n° 85) et du 29 oct. 1909 (Addit., n° 85 *bis*) ont été déclarées applicables aux colonies par une loi du 26 déc. 1911.

. . . .

LIBERTÉ SURVEILLÉE. — V. Addit., *Responsabilité pénale.*

LOUAGE DE SERVICES

2 *bis.* Un *chauffeur d'automobile* est assimilé par la jurisprudence à un domestique ; il peut être congédié avec huit jours de gages.

10 *bis.* Aux termes d'une loi du 7 déc. 1909, les salaires des ouvriers et employés doivent être payés en monnaie métallique ou fiduciaire ayant cours légal, nonobstant toute stipulation contraire, à peine de nullité. — Les salaires des ouvriers du commerce et de l'industrie (mais non ceux des ouvriers agricoles) doivent être payés au moins deux fois par mois, à seize jours d'intervalle ; ceux des employés doivent être payés au moins une fois par mois. — Le payement ne peut avoir lieu un jour de repos ni dans les débits de boissons ou magasins de vente, sauf pour les personnes qui y sont occupées.

10 *ter.* Une loi du 25 mars 1910 a interdit à tout employeur d'annexer à son établissement un *économat* où il vende, directement ou indirectement, à ses ouvriers et employés, ou à leurs familles, des denrées et marchandises, et d'imposer à ses ouvriers et employés l'obligation de dépenser leur salaire en totalité ou en partie dans les magasins indiqués par lui. — Cette loi supprime les économats existants dans un délai de deux ans à dater de sa promulgation. — Elle excepte de la suppression, sous certaines réserves, les économats des réseaux de chemins de fer placés sous le contrôle de l'Etat.

21 *bis.* Lorsqu'une clause précise d'un règlement d'atelier impose à l'ouvrier, en cas de départ sans préavis, une indemnité fixée d'avance *a forfait,* les tribunaux ne peuvent, a décidé la Cour de cassation, en modifier le chiffre.

. . . .

23 *bis.* D'autre part, le refus du patron de reprendre un ouvrier gréviste dans son atelier, après la fin de la grève, ne saurait être considéré, d'après la Cour de cassation, comme constituant un congédiement sans préavis pouvant servir de base à une action de l'ouvrier contre le patron.

. . . .

32 *bis.* Une loi du 27 nov. 1909 a pour objet de garantir leur travail ou leur emploi aux *femmes en couches.* Elle décide que la suspension du travail par la femme, pendant huit semaines consécutives, dans la période qui précède et suit l'accouchement, ne peut être une cause de rupture, par l'employeur, du contrat de louage de services, et ce, à peine de dommages-intérêts au profit de la femme. Celle-ci doit avertir l'employeur du motif de son absence. — Toute convention contraire est nulle de plein droit. L'assistance judiciaire est de droit pour la femme devant la juridiction du premier degré. — Le repos pris par la femme pour faire ses couches entraîne une simple suspension du contrat de louage de services, suspension qui a, d'ailleurs, pour conséquence, d'exonérer le patron de l'obligation de payer l'ouvrière, l'employée ou la domestique dont il ne peut utiliser les services.

32 *ter.* Cette disposition protège toutes les femmes qui sont liées par un contrat de louage de services, sans qu'il y ait lieu de distinguer entre les ouvrières de l'industrie ou de l'agriculture, les employées de commerce ou les domestiques. — L'intéressée ne peut se prévaloir de la faculté qui lui est accordée par la loi de suspendre son travail sans rompre le contrat de louage de services que pendant une période qui comprend au maximum les huit dernières semaines de la grossesse. La femme peut, d'ailleurs, prendre à son gré, soit trois semaines avant l'accouchement et cinq semaines après, ou *vice versa.* Elle peut aussi ne pas se reposer avant l'accouchement et prendre ensuite huit semaines entières. La loi lui laisse, à cet égard, toute liberté, pourvu que l'accouchement intervienne pendant la période de repos.

32 *quater.* Les femmes en état de *grossesse apparente* peuvent quitter le travail sans délai-congé et sans avoir de ce fait à payer une indemnité de rupture (L. 17 juin 1913, art. 1, codifié au Code du travail, liv. 1, art. 29 *a*).

32 *quinquies.* Dans tout établissement industriel ou commercial ou dans ses dépendances, de quelque nature qu'il soit, il est interdit d'employer des femmes accouchées dans les quatre semaines qui suivent leur délivrance (L. 17 juin 1913, art. 2, disposition insérée au Code du travail, liv. 2, art. 54 *a*). — En ce qui concerne l'assistance aux femmes en couches, V. Addit., *Assistance publique.*

. . . .

39 *bis.* Cette exemption d'enregistrement et de timbre a été étendue aux contrats de louage d'ouvrage intervenus entre les chefs ou directeurs d'établissements commerciaux, d'exploitations agricoles ou forestières et leurs ouvriers (Loi du 26 déc. 1908, art. 59).

. . . .

M

MACHINES A VAPEUR

10 *bis.* En exécution de la loi du 17 avr. 1907, un décret du 21 sept. 1908, portant règlement d'administration publique, a fixé les conditions que doivent remplir les appareils à vapeur placés à bord des bateaux.

MAIRES ET ADJOINTS

2 *bis.* Le nombre des adjoints de la ville de Lyon a été porté à 19 par la loi du 8 mars 1912.

MANUFACTURES ET ÉTABLISSEMENTS DANGEREUX, INSALUBRES OU INCOMMODES.

2 *bis.* La nomenclature des établissements dangereux, insalubres ou incommodes, a été complétée par un décret du 19 juin 1909.

MARIAGE

9 *bis,* **11** *bis,* **12** *bis.* Une loi du 10 mars 1913 a eu pour objet de régler les formes dans lesquelles doit être constaté le dissentiment entre les parents (C. civ. art. 148, 152 et 158 du Code civil) ou les ascendants (C. civ. art. 150) pour le consentement au mariage d'un enfant mineur, légitime ou naturel reconnu. Cette constatation doit être faite soit dans la forme de la notification prévue par l'art. 154, soit par lettre de la mère, de l'aïeule, etc., adressée à l'officier de l'état civil et dont la signature est légalisée ; soit par procès-verbal, dressé par l'officier de l'état civil, du refus qui lui a été exprimé verbalement ; soit enfin par une mention, faite dans l'acte de célébration du mariage, du refus opposé par la mère ou l'aïeule, etc., assistant au mariage.

14 *bis.* Le mineur de vingt et un ans qui ignore le lieu du décès ou du domicile de ceux de ses ascendants dont le consentement est requis pour son mariage, doit prêter serment que ce lieu lui est inconnu. Le serment est prêté devant le juge de paix, en présence des membres du conseil de famille. Le juge de paix donne acte du serment et le notifie au tribunal, qui statue sur la demande d'autorisation à mariage dans la même forme que pour les enfants naturels non reconnus (C. civ. art. 160, mod. par la loi du 10 mars 1913, art. 2).

15 *bis.* En cas de dissentiment entre les parents d'un enfant naturel reconnu qui n'a pas atteint l'âge de vingt et un ans accomplis, le consentement du parent qui exerce la puissance paternelle suffit. Si l'un d'eux est mort ou dans l'impossibilité de manifester sa volonté, le consentement de l'autre suffit (art. 158, mod. par la loi du 10 mars 1913, art. 2). Les enfants naturels non reconnus et ceux qui, après l'avoir été, ont perdu leurs père et mère ou dont les père et mère ne peuvent manifester leur volonté ne peuvent, avant l'âge de vingt et un ans, se marier qu'après avoir obtenu le consentement du conseil de famille prévu à l'art. 389, § 13, du Code civil (C. civ. art. 159, mod. par la loi du 10 mars 1913, art. 2).

15 *ter.* Lorsque l'enfant naturel ignore le lieu du décès ou du domicile de ses père et mère, il prête serment devant le juge de paix de sa résidence, assisté de son greffier. Le juge de paix lui donne acte de ce serment et le notifie au tribunal, qui statue sur la demande d'autorisation à mariage (C. civ. art. 160, mod. par la loi du 10 mars 1913, art. 2).

104 *bis.* Les actes qui constatent le dissentiment des personnes appelées à consentir au mariage, dans les cas spécifiés aux art. 148 nouveau, 150, 152 et 158 nouveau du Code civil, ainsi que les actes de procédure et de jugement dans l'instance prévue à l'art. 152, § 2, sont visés pour timbre et enregistrés gratis (art. 148 du Code civil, mod. par la loi du 10 mars 1913).

MARINE MARCHANDE

2 *bis.* Le titre de maître au cabotage est remplacé par celui de : *capitaine* au cabotage (Décr. 12 mars 1909).

54 *bis.* La navigation entre les ports de la France continentale et les ports de la Corse a été assimilée au cabotage et ne peut, par suite, s'effectuer que sous pavillon français (Loi du 27 sept. 1793, art. 4). Il en est de même, en vertu de l'art. 1er de la loi du 2 avr. 1889, de la navigation entre les ports de France et ceux d'Algérie. — Toutefois, la loi du 22 juill. 1909 permet au Gouvernement, en cas d'événements exceptionnels (tels qu'une grève des inscrits maritimes, dockers, etc.), ayant pour effet d'interrompre temporairement les relations maritimes sous pavillon français entre la France et l'Algérie ou la Corse, de suspendre, par décret rendu en conseil des ministres et pendant tout le temps que durera cette

interruption, l'application des dispositions préci-
tées des lois de 1793 et 1889.

54 *ter.* Une loi du 5 janv. 1912 a fixé le régime
des *ports maritimes de commerce.* L'administration d'un port maritime de commerce peut être
confiée, par décret rendu en Conseil d'Etat, à un
conseil d'administration dont la composition est
déterminée par ce décret, sauf en ce qui concerne
les villes siège d'une chambre de commerce,
pour lesquelles cette composition est fixée par
l'art. 5 de la loi. Les ports dans lesquels aura été
institué le régime ainsi organisé sont des établissements publics investis de la personnalité civile.
Ils sont représentés par le président du conseil
d'administration dans tous les actes de gestion et
les instances. La loi du 5 janv. 1912 détermine
les matières sur lesquelles le conseil d'administration statue définitivement et les objets pour
lesquels ses délibérations doivent être sanctionnées par l'autorité supérieure.

. . . .

MARINE MILITAIRE

7 *bis.* En vertu d'un décret du 3 juin 1910, les
dénominations des grades dans le corps des officiers de vaisseau doivent être modifiées ainsi qu'il
suit (ligne 12) : ... enseigne de vaisseau de première classe (lieutenant); enseigne de vaisseau de
deuxième classe (sous-lieutenant); aspirant de
marine.

10 *bis.* Une loi du 5 nov. 1909 a créé au département de la marine un corps militaire d'ingénieurs d'artillerie navale, destiné à assurer le
fonctionnement des services techniques de l'artillerie de la marine en France, en Tunisie et éventuellement aux colonies. Ce corps est composé
d'ingénieurs généraux de première et de deuxième
classe, d'ingénieurs en chef de première et de
deuxième classe, d'ingénieurs principaux et d'ingénieurs de première et de deuxième classe. La
loi organise l'équivalence de ces grades avec ceux
du corps des officiers de vaisseau.

18 *bis.* La loi du 24 déc. 1896 sur l'inscription
maritime a été modifiée dans plusieurs de ses
dispositions par deux lois du 8 août 1913.

. . . .

27 *bis.* La matière des engagements volontaires
et rengagements dans l'armée de mer a été
réglée à nouveau par une loi du 8 août 1913.

45 *bis.* La constitution de la flotte a été fixée
par la loi (dite *loi navale*) du 30 mars 1912. Cette
loi détermine la composition de la flotte, la durée
maximum des navires de guerre, leurs effectifs
et leurs munitions et approvisionnements.

. . . .

MÉDECINE

10 *bis.* Un décret du 15 avr. 1909 a autorisé les
sages-femmes à prescrire des instillations d'azo-
tate d'argent aux nouveau-nés.

. . . .

12 *bis.* Aux termes d'une loi du 14 avr. 1910,
qui modifie l'art. 9, § 1er, de la loi du 30 nov. 1892,
les docteurs en médecine, les chirurgiens-den-
tistes, les accoucheuses sages-femmes sont tenus,
*dès leur établissement et avant d'accomplir aucun
acte de leur profession,* de faire enregistrer sans

frais leur titre à la préfecture ou à la sous-préfecture, ainsi qu'au greffe du tribunal civil de l'arrondissement, *et de le faire viser à la mairie* du lieu
où ils ont leur domicile. S'il s'agit de *débutants*
n'étant pas encore en possession de leur titre ou
diplôme, ils doivent faire enregistrer et viser
comme il vient d'être dit le *certificat provisoire*
qui leur a été délivré.

. . . .

V. Addit., *Enseignement.*

MINES, MINIÈRES, CARRIÈRES

23 *bis.* Les redevances fixe et proportionnelle
que les concessionnaires de mines sont tenus de
payer à l'Etat ont été réglées à nouveau par
l'art. 4 de la loi du 8 avr. 1910. La redevance *fixe*
est élevée à 50 centimes par hectare compris dans
l'étendue de la concession, avec réduction à 15 centimes, sous certaines conditions, pour les concessions de combustibles dont le périmètre
n'est pas supérieur à 300 hectares et le revenu
net à 1 500 francs. — La redevance *proportionnelle* est calculée à raison de 6 p. 100 du produit
net, dont 5 p. 100 au profit de l'Etat et 1 p. 100
au profit des communes.

. . . .

25 *bis.* Les mutations de propriété, sous quelque
forme et à quelque titre que ce soit, et les amo-
diations de concessions minières par actes entre
vifs, ne peuvent être effectuées que si elles ont été
autorisées par un décret rendu sur avis conforme
du Conseil d'Etat. Tous actes faits en violation
des dispositions qui précèdent sont nuls et de nul
effet et peuvent donner lieu au retrait de la
concession. Le retrait de la concession doit faire
l'objet d'un décret rendu en Conseil d'Etat (Loi
du 13 juill. 1911, art. 138).

. . . .

42 *bis.* Les délégués institués par la loi du
8 juill. 1890 sont, aux termes d'une loi du 12 mars
1910, chargés de signaler les infractions, relevées
au cours de leurs visites, à la loi du 2 nov. 1892
sur le travail des enfants dans les établissements
industriels, et à la loi du 30 mars 1900 qui l'a
modifiée, ainsi que les infractions à la loi du 29 juin
1905 sur la durée du travail dans les mines.
42 *ter.* Une loi du 13 déc. 1912 a étendu la
législation sur les accidents du travail, sous
réserve de quelques dispositions spéciales, aux
délégués à la sécurité des mineurs, pour les accidents dont ils sont victimes par le fait ou à l'occasion de leur service.

MODÈLES INDUSTRIELS. — V. Addit.,
Propriété industrielle.

MONNAIE

3 *bis.* Une convention additionnelle, conclue
le 4 nov. 1908, entre les Etats faisant partie de
l'Union latine, a été approuvée par une loi du
22 mars 1909.

7 *bis.* Une loi du 5 août 1913 a ordonné le
retrait des monnaies de billon en circulation
(pièces de 10 et de 5 centimes en bronze, pièces
de 25 centimes en nickel fabriquées en exécution
de la loi du 31 mars 1903) et leur remplacement
par des pièces en nickel pur de 25, 10 et 5 centimes, percées au centre d'un trou rond.

8 *bis.* Ligne 9, *après les mots :* 5 francs seulement ..., *rédiger ainsi ce paragraphe :* ... Cependant l'État est tenu de recevoir en quantités illimitées les monnaies divisionnaires d'argent ; la même obligation n'existe pas à l'égard des pièces de bronze et de nickel.

. . . .

MONTAGNE (RESTAURATION ET CONSERVATION DES TERRAINS EN)

1 *bis.* La loi du 4 avr. 1882, relative à la restauration et à la conservation des terrains en montagne, a été modifiée dans certaines de ses dispositions par une loi du 16 août 1913, en vue d'assurer le reboisement du sol de la France.

. . . .

MONUMENTS HISTORIQUES ET ARTISTIQUES

2 *bis.* En ce qui concerne l'interdiction de l'affichage sur les monuments historiques, V. Addit., *Affichage*, n° 7 *bis.*

3 *bis.* Les objets mobiliers appartenant aux particuliers et dont la conservation présente, au point de vue de l'art ou de l'histoire, un intérêt national, peuvent être classés, avec le consentement du propriétaire (Loi du 19 juill. 1909, art. 1er). — Les objets classés ne peuvent être restaurés, réparés ou modifiés qu'avec l'autorisation du ministre des Beaux-Arts. — Leur exportation hors de France est interdite. — Les effets du classement suivent l'objet mobilier en quelques mains qu'il passe (Loi du 19 juill. 1909, art. 2, 3).

3 *ter.* Lorsque l'administration des Beaux-Arts estime que la conservation ou la sécurité d'un objet classé appartenant à un département, à une commune ou à un établissement public est *mise en péril*, et que la collectivité propriétaire ne veut ou ne peut pas prendre immédiatement les mesures jugées nécessaires par l'Administration pour remédier à cet état de choses, le ministre des Beaux-Arts peut ordonner d'urgence, par arrêté motivé, aux frais de son administration, les *mesures conservatoires* utiles, et même, en cas de nécessité dûment démontrée, le transfert provisoire de l'objet dans un trésor de cathédrale, s'il est affecté au culte, et, s'il ne l'est pas, dans un musée ou autre lieu public national, départemental ou communal, offrant les garanties de sécurité voulues, et autant que possible situé dans le voisinage de l'emplacement primitif. — Dans un délai de trois mois à compter de ce transfert provisoire, les conditions nécessaires pour la garde et la conservation de l'objet dans son emplacement primitif sont déterminées par une commission réunie sur la convocation du préfet. — La collectivité propriétaire peut, à toute époque, obtenir la réintégration de l'objet dans son emplacement primitif, si elle justifie que les conditions exigées y sont désormais réalisées (L. 16 févr. 1912).

. . . .

6 *bis.* Ligne 3, *au lieu de :* en prescrit le classement, *lire :* en prononce le classement.

6 *ter.* La loi de finances du 26 déc. 1908, art. 57, a prorogé d'un nouveau délai de trois ans le classement *définitif* qui doit être effectué des objets mobiliers et immeubles par destination consacrés au culte. A l'expiration de ce délai, les objets non *classés définitivement* seront déclassés de plein droit.

6 *quater.* Une loi du 13 janv. 1912 a encore prorogé de trois nouvelles années le délai fixé par l'art. 57 de la loi du 26 déc. 1908.

. . . .

MUSÉES

1 *bis.* La loi du 8 avr. 1910 a investi de la personnalité civile le musée Guimet à Paris (art. 112).

. . . .

N

NANTISSEMENT

24 *bis.* — II. Nantissement des fonds de commerce. — 1° *Constitution du nantissement.* — Le nantissement d'un fonds de commerce doit être constaté *par écrit.* La loi exige un acte authentique ou un acte sous seing privé enregistré. — A l'égard des tiers, une autre formalité est nécessaire pour que le contrat leur soit opposable : c'est l'*inscription* du nantissement sur un *registre public* tenu au *greffe du tribunal de commerce* dans le ressort duquel le fonds est exploité. — Cette inscription est nécessaire, mais suffisante, pour assurer la conservation du privilège du créancier gagiste.

25-1°. Si le nantissement porte à la fois sur un fonds de commerce et sur ses *succursales,* l'inscription doit être faite, non seulement au greffe du tribunal de commerce de la maison principale, mais encore au greffe du tribunal dans le ressort duquel se trouve chaque succursale comprise dans le nantissement. — L'inscription doit être prise, à peine de nullité du nantissement, dans la quinzaine de l'acte constitutif. — Une formalité spéciale est édictée à l'égard des nantissements de fonds qui comprennent des brevets d'invention ou licences, des marques ou des dessins ou modèles. Ces nantissements doivent être inscrits non seulement au greffe, mais encore à l'Office national de la propriété industrielle.

25 - 2°. Le créancier gagiste représente, soit par lui-même, soit par un tiers, au greffier du tribunal de commerce l'un des originaux du titre constitutif du nantissement s'il est sous seing privé, ou une expédition s'il existe en minute. L'acte de nantissement sous seing privé reste déposé au greffe. — Il y est joint deux *bordereaux* sur papier libre contenant : les noms, prénoms et domiciles du créancier et du débiteur, ainsi que du propriétaire du fonds si c'est un tiers, leur profession s'ils en ont une ; la date et la nature du titre ; le montant de la créance ; la désignation du fonds de commerce et de ses succursales, s'il y a lieu ; élection de domicile par le créancier gagiste dans le ressort du tribunal de la situation du fonds.

27 *bis.* L'inscription conserve le privilège du créancier gagiste pendant *cinq années* à compter du jour de sa date. — Elle doit être *renouvelée* avant l'expiration du délai de cinq ans ; faute de quoi son effet cesse. — Le créancier qui requiert le renouvellement d'une inscription n'est pas tenu de représenter de nouveau au greffier le titre en vertu duquel elle a été prise, mais il doit remettre les deux bordereaux mentionnés ci-dessus, n° 25-2°. — L'inscription garantit, au même rang que le principal, deux années d'intérêts. — Les inscriptions sont rayées, soit du consentement des parties intéressées et ayant capacité à cet effet, soit en vertu d'un jugement passé en force de chose jugée. — La radiation est opérée au moyen d'une mention faite par le greffier en marge de l'inscription. Il en est délivré certificat aux parties qui le demandent.

28 *bis.* Les greffiers des tribunaux de commerce sont tenus de délivrer à tous ceux qui le requièrent, soit l'état des inscriptions existantes, avec les mentions d'antériorités, de radiations partielles et de subrogations partielles ou totales, soit un certificat qu'il n'en existe aucune ou simplement que le fonds est grevé. Un état des inscriptions ou mentions effectuées à l'Office national doit de même être délivré à toute réquisition.

29 *bis.* — 2° *Objet du nantissement.* — Les seuls éléments du fonds de commerce qui soient susceptibles d'être grevés, dans les formes de la loi du 17 mars 1909, du privilège du créancier gagiste, sont les suivants : l'enseigne et le nom commercial, le droit au bail, la clientèle et l'achalandage, le mobilier commercial, le matériel ou l'outillage servant à l'exploitation du fonds, les brevets d'invention, les licences, les marques de fabrique et de commerce, les dessins et modèles industriels, et généralement les droits de propriété industrielle, littéraire ou artistique qui y sont attachés. Cette énumération est limitative. Sont, par suite, exclus du nantissement : les *créances*, les *marchandises*, les *livres de commerce* et la *correspondance*, l'*immeuble où s'exploite le fonds*.

30 *bis.* — 3° *Droits et obligations des parties.* — Le nantissement d'un fonds de commerce confère au créancier gagiste un *privilège*, assorti d'un droit de préférence et d'un droit de suite. — Le privilège ne porte que sur les éléments du fonds énumérés dans le contrat de nantissement. — Si l'acte constitutif du nantissement est à ordre, sa négociation par voie d'endossement emporte translation du privilège.

37 *bis.* — 5° *Payement des créanciers.* — Le rang des créanciers gagistes entre eux est déter-

miné par la date de leurs inscriptions. Les créanciers inscrits le même jour viennent en concurrence.

38 *bis.* La faillite du débiteur n'écarte plus aujourd'hui le vendeur du fonds (V. Addit., *Fonds de commerce*, n° 11-3°).

49 *bis.* — 6° *Enregistrement et timbre.* — Les droits d'inscription, d'enregistrement, de timbre, les émoluments du greffier, auxquels donne lieu l'inscription du privilège du créancier gagiste, sont les mêmes que ceux perçus pour l'inscription du privilège du vendeur (Décr. du 28 août 1909).

NATIONALITÉ FRANÇAISE

11 *bis.* Le père, la mère en cas de décès du père, le tuteur en cas de décès du père et de la mère ou de leur exclusion de la tutelle, peuvent renoncer, au nom d'un mineur, à la faculté qui lui appartiendrait, à sa majorité, de décliner la qualité de Français. La renonciation une fois faite, l'intéressé ne peut plus, au cours de sa vingt-deuxième année, user de la faculté de répudiation (C. civ., art. 20, § 2, ajouté par la loi du 5 avr. 1909).

NAVIGATION

1 *bis.* Une loi du 22 juill. 1913 a réglementé la situation, au point de vue du rôle d'équipage, des pensions sur la caisse des invalides de la marine, etc., des bâtiments de mer accomplissant des parcours partie maritimes, partie fluviaux.

9 *bis.* L'art. 67 de la loi du 27 févr. 1912 a institué au ministère des Travaux publics un *Office national de la navigation.*

NOMADES. — V. Addit., *Vagabondage.*

NOTAIRE-NOTARIAT

5 *bis.* Une loi du 29 mars 1907 a décidé que les notaires résidant, au jour de la mise en vigueur de la loi du 12 juill. 1905, dans le ressort d'une des justices de paix modifiées par cette loi, conservent le droit d'exercer sur tout le territoire où ce droit leur appartenait antérieurement. — Auront droit d'exercer sur ce même territoire les notaires qui viendront à être créés dans le ressort ci-dessus spécifié.

8 *bis.* Les clercs de notaire ont droit au repos hebdomadaire (Loi du 13 juill. 1911, art. 95).

19 *bis.* Les notaires sont tenus de délivrer un reçu, extrait d'un carnet à souche, pour toutes les valeurs déposées en leur étude (Décr. du 22 oct. 1910).

O

OCTROI

11 *bis*. Dans le but de protéger l'industrie des pêches maritimes, une loi du 13 août 1913 a fixé un maximum aux taxes d'octroi que les conseils municipaux peuvent établir sur le poisson de mer, les crustacés ou les coquillages.

. . . .

OFFICE

14 *bis*. L'art. 6 de la loi de finances du 27 févr. 1912 déclare nulle et de nul effet toute *contre-lettre* ayant pour objet une augmentation du prix stipulé dans le traité de cession d'un office ministériel. Toute dissimulation dans le prix d'une cession d'office est punie d'une amende égale au quart de la somme dissimulée. L'officier public ou ministériel convaincu d'avoir consenti ou stipulé à son profit un prix supérieur à celui exprimé dans l'acte de cession sera, en outre, destitué.

25 *bis*. Les droits d'enregistrement perçus à l'occasion de la transmission des offices ont été modifiés par l'art. 10 de la loi du 30 juill. 1913.

. . . .

OFFICE NATIONAL DE LA PROPRIÉTÉ INDUSTRIELLE. — V. Addit., *Brevet d'invention, Nantissement, Propriété industrielle.*

OR - ARGENT - PLATINE

1 *bis*. Les dispositions relatives au régime de la garantie des matières d'or et d'argent sont également applicables au platine (Loi du 8 avr. 1910, art. 37, § 1er).

. . . .

3 *bis*. Le titre légal des ouvrages de platine est de 950 millièmes (Loi du 8 avr. 1910, art. 37, § 2).

. . . .

8 *bis*. Le droit de garantie sur les ouvrages en platine est de 37 fr. 50 par hectogramme, non compris les frais d'essai et de touchau (Loi du 8 avr. 1910, art. 37, § 4).

9 *bis*. L'art. 18 de la loi du 26 déc. 1908 règle à nouveau le remboursement du droit de garantie en cas d'exportation d'ouvrages neufs d'or ou d'argent.

. . . .

19 *bis*. Les personnes qui fabriquent ou mettent en vente des objets d'or ou d'argent soumis aux prescriptions de la loi du 19 brum. an 6, et qui mettent en vente ou fabriquent en même temps et dans le même local des objets en métaux divers, doublés, plaqués, dorés, argentés ou non, sont tenues d'indiquer de façon apparente dans les vitrines d'exposition, sur les catalogues et emballages, ainsi que sur les factures qu'elles délivrent aux acheteurs, la nature réelle de ces derniers objets (Loi du 8 avr. 1910, art. 34).

. . . .

ORDRES CIVILS ET MILITAIRES

21 *bis*. La loi du 9 nov. 1911 a institué une médaille commémorative en faveur des anciens combattants de tout grade qui ont pris part à la campagne de 1870-1871. L'attribution de cette médaille a été étendue aux médecins, infirmiers, infirmières, aumôniers et aérostiers par la loi du 27 mars 1912.

P

PANNEAU-RÉCLAME. —V. Addit., *Affiche.*

PARI AUX COURSES. — V. Addit., *Jeu-pari.*

PARTAGE D'ASCENDANT

27 *bis*. En ce qui concerne la quotité des droits d'enregistrement modifiée par la loi du 8 avr. 1910, V. Addit., *Donation entre vifs, n° 73 bis.*

. . . .

PATERNITÉ (RECHERCHE DE LA). — V. Addit., *Filiation naturelle.*

. . . .

PÊCHE MARITIME

4 *bis*. Une loi du 26 févr. 1911 a constitué sur de nouvelles bases le régime des encouragements aux grandes pêches maritimes, notamment à la pêche à la morue. Elle accorde des primes :

1° à l'armement aux grandes pêches ; 2° aux produits de pêche. Cette loi est applicable jusqu'au 31 déc. 1926. Le taux des primes de toute nature subira une réduction progressive à partir de 1917. L'application de ces dispositions a fait l'objet d'un décret du 9 nov. 1911.

5 *bis.* L'obtention des primes d'armement pour la grande pêche a été subordonnée, par le décret du 13 janv. 1908, à certaines conditions de sécurité et d'hygiène à remplir par les navires qui se livrent à cette pêche.

V. Addit., *Octroi*.

PENSIONS CIVILES

23 *bis.* En vertu de la loi du 22 juill. 1909, le ministre des Finances contresigne *seul* les propositions de pensions civiles. — Aux termes de la même loi, le ministre des Finances est dispensé de soumettre au Conseil d'Etat les propositions concernant la réversion de pensions d'ancienneté au profit des veuves et orphelins de titulaires.

26 *bis.* Dans les communes où les conseils municipaux autoriseront l'organisation de ce service, les maires pourront, sous la responsabilité des communes, délivrer gratuitement aux personnes domiciliées dans la commune les certificats de vie exigés par le Trésor public pour le payement des pensions civiles et militaires, indemnités viagères, traitements de la Légion d'honneur et de la médaille militaire, s'élevant au maximum à 2400 fr. par an (Loi du 13 juill. 1911, art. 74).

28 *bis.* Les pensions concédées aux veuves et orphelins de fonctionnaires civils ou militaires peuvent être cumulées, à concurrence de 6000 francs, avec les traitements et indemnités quelconques payés aux titulaires de ces pensions par l'Etat, les départements, les colonies, les communes ou les établissements publics (Loi du 22 déc. 1910).

PENSIONS MILITAIRES

16 *bis.* Sur le cumul des pensions concédées aux veuves et orphelins avec certains traitements, V. Addit., *Pensions civiles*, n° 28 *bis.*

24 *bis.* Sur la délivrance gratuite, par les maires, des certificats de vie exigés par le Trésor pour le payement des pensions, V. Addit., *Pensions civiles*, n° 26 *bis.*

PHARMACIE-DROGUERIE

1 *bis.* Le diplôme de pharmacien de 2e classe cessera d'être délivré à partir du 1er nov. 1917 (Décr. 24 nov. 1911).

3 *bis.* Les inspections ne peuvent être confiées, en ce qui concerne les officines de pharmacie et les dépôts de médicaments, qu'à des inspecteurs munis du diplôme de pharmacien. Les inspecteurs sont nommés et commissionnés par les préfets sur la proposition des directeurs des écoles supérieures de pharmacie, des doyens des facultés mixtes de médecine et de pharmacie, des directeurs des écoles de plein exercice ou préparatoires de médecine et de pharmacie (Décret du 5 août 1908).

4 *bis.* Les dépôts de médicaments tenus par les médecins et vétérinaires sont soumis, par le décret du 5 août 1908, à l'inspection exercée par les personnes désignées ci-dessus, n° 3 *bis.*

5 *bis.* V. le n° 3 *bis.* — Les inspecteurs ont seuls qualité, réserve faite des pouvoirs appartenant aux officiers de police judiciaire, pour opérer des prélèvements dans les officines de pharmacie et les dépôts de médicaments. Pour les autres établissements, la visite et la recherche des fraudes et falsifications en matière médicamenteuse peuvent être confiées à des inspecteurs-adjoints choisis et commissionnés par les préfets (Décr. 5 août 1908, art. 5).

12 *bis.* Le délai pour la mise en service du nouveau *Codex* a été reporté du 15 sept. 1908 au 15 mai 1909 par un décret du 17 oct. 1908.

27 *bis.* Cependant les sérums et vaccins qui ne présentent aucun danger pour l'homme ni pour les animaux peuvent être délivrés aux particuliers et employés par eux, dans des conditions déterminées par arrêté du ministre de l'Agriculture, après avis du comité consultatif des épizooties (Loi du 12 janv. 1909).

PHOSPHORE. V. Addit., *Impôts indirects.*

POIDS ET MESURES

1 *bis.* Dans les transactions relatives aux diamants, perles fines et pierres précieuses, la dénomination de « carat métrique » peut être donnée au double décigramme. L'emploi du mot « carat » pour désigner tout autre poids demeure prohibé (Loi du 22 juin 1909).

3 *bis.* V. Décr. 31 juill. 1910 (*Journ. off.*, 13 août).

PORT DE COMMERCE. — V. Addit., *Marine marchande.*

POSTES, TÉLÉGRAPHES, TÉLÉPHONES

1 *bis.* Les dispositions de la loi du 15 mars 1910 accordant un congé de deux mois avec traitement entier aux institutrices en couches, en dehors des congés de maladie prévus par le décret du 9 nov. 1853, sont applicables au personnel féminin des postes, télégraphes et téléphones (Loi du 13 juill. 1911, art. 140).

7 *bis.* La taxe des lettres et des papiers de commerce et d'affaires pour le service intérieur a été fixée, par la loi de budget du 8 avr. 1910 (art. 44), à 0 fr. 10 jusqu'à 20 grammes ; au-dessus de 20 grammes et jusqu'à 50 grammes, 0 fr. 15 ; au-dessus de 50 grammes et jusqu'à 100 grammes, 0 fr. 20 ; et ainsi de suite, en ajoutant 5 centimes par 50 grammes ou fraction de 50 grammes excédant. Par exception, jusqu'au poids de 20 grammes, la taxe des papiers de commerce et d'affaires, expédiés sous bande ou sous enveloppe ouverte,

ADDITIONS

est fixée à 5 centimes. — Le poids maximum des lettres est limité à 1 kilogramme. — Dans les relations internationales, la taxe des lettres est de 25 centimes jusqu'à 20 grammes ; au-dessus de 20 grammes, 15 centimes par 20 grammes ou fraction de 20 grammes excédant (art. 40). — Un décret du 13 avr. 1910 a fixé au 1er mai 1910 la date de la mise à exécution de ces dispositions.

9 *bis*. Sont taxées comme imprimés les épreuves d'imprimerie avec ou sans les manuscrits s'y rapportant. Il est permis de faire aux épreuves les changements ou additions qui se rapportent à la correction, à la forme et à l'impression (L. 27 févr. 1912, art. 17).

9 *ter*. Les cartes de visite ne portant que des vœux, souhaits, compliments de condoléance, félicitations, remerciements ou autres formules de politesse, sont, en cas d'irrégularités, considérées comme lettres, et taxées seulement au double de l'insuffisance d'affranchissement (L. 24 déc. 1912).

12 *bis*. Les valeurs-papier de toute nature insérées dans les lettres peuvent être déclarées au même titre que les billets de banque, bons, coupons de dividendes, etc. (Loi du 13 juill. 1911, art. 19).

13 *bis*. Il est permis d'insérer dans les envois postaux recommandés des matières d'or et d'argent, autres que des pièces de monnaie ayant cours, pourvu que la valeur de ces matières ne soit pas supérieure au montant de l'indemnité accordée en cas de perte des envois (L. 27 févr. 1912, art. 14).

17 *bis*. La loi du 17 juin 1913 a autorisé la création par le service des postes d'un *mandat-retraite* exclusivement destiné au payement des arrérages des retraites, allocations et bonifications acquises sous le régime de la loi sur les retraites ouvrières et paysannes. Ces mandats-retraite sont payables sur la présentation de l'extrait d'inscription.

18 *bis*. Les bons de poste peuvent désormais comporter des centimes sans fraction de demi-décime (Loi du 8 avr. 1910, art. 49).

19 *bis*. Le délai de payement des bons de poste est ramené de trois mois à deux mois (Loi du 8 avr. 1910, art. 49). — Le délai de prescription des mandats-poste est porté d'un an à trois ans à partir du jour du versement des fonds. Toutefois les réclamations afférentes aux mandats qui ne peuvent être produits par les ayants droit ne sont recevables que pendant un an à partir de l'émission des titres (L. 30 juill. 1913, art. 24).

25 *bis*. Dans le régime intérieur, tous les objets de correspondance soumis à la formalité de la recommandation peuvent être grevés d'un remboursement dont le maximum est limité à 2000 francs. Ces objets sont assujettis aux tarifs et conditions applicables aux envois de la catégorie à laquelle ils appartiennent, suivant qu'il s'agit d'objets recommandés ou d'envois de valeur déclarée. Ils donnent lieu aux mêmes garanties de responsabilité (Loi du 13 juill. 1911, art. 18).

28 *bis*. L'art. 10 de la loi du 26 déc. 1908 autorise le Gouvernement à créer éventuellement des colis postaux, dits *colis agricoles*, d'un poids inférieur à 50 kilogrammes, et qui bénéficieraient du tarif réduit de 0 fr. 10, établi pour le timbre des colis postaux ordinaires.

28 *ter*. Un arrêté ministériel du 28 nov. 1910 a autorisé l'emploi du système dit « scellé en acier » pour l'expédition des colis postaux.

. . . .

33 *bis*. Les contestations relatives à la perte, à l'avarie ou au retard dans la livraison des colis postaux, rentrent, depuis la loi du 12 juill. 1905, dans la compétence des juges de paix. V. sur ce point : *Justice de paix*, n° 28.

51 *bis*. Un arrêté du ministre des Travaux publics, en date du 23 janv. 1908, a autorisé le dépôt dans les bureaux de télégrammes affranchis en timbres-poste.

. . . .

PRESCRIPTION CIVILE

88 *bis*. L'action des marchands pour les marchandises qu'ils vendent aux particuliers non marchands se prescrit par deux ans (Code civ., art. 2272, § 6, modifié par Loi du 26 févr. 1911).

91 *bis*. V. en ce qui concerne la prescription de l'action des marchands, ci-dessus, n° 88 *bis*.

PRESSE-DÉLITS DE PRESSE

139 *bis*. La loi du 16 nov. 1912 a interdit, par son art. 2, la publication des débats des procès en déclaration de paternité.

214 *bis*, **231** *bis*. — IV. Procédure. — Toutes les exceptions d'incompétence doivent être proposées avant toute ouverture du débat sur le fond ; faute de quoi, elles sont jointes au fond, et il est statué sur le tout par le même jugement ou arrêt (Loi du 29 juill. 1881, art. 62, § 3, ajouté par la loi du 4 juill. 1908).

236 *bis*. V. Loi du 4 juill. 1908.

. . . .

PRISONS ET ÉTABLISSEMENTS PÉNITENTIAIRES

7 *bis*. L'art. 89 de la loi du 13 juill. 1911 a transféré au ministre de la Justice les attributions antérieurement conférées au ministre de l'Intérieur par la législation relative à l'administration pénitentiaire.

. . . .

PRIVILÈGES

1 *bis*. Une exception nouvelle, très importante, au droit de gage général des créanciers sur les biens de leur débiteur résulte de la loi du 12 juill. 1909, relative à la constitution d'un *bien de famille* insaisissable (V. Addit., *Bien de famille*).

. . . .

47 *bis*. — 9° Créances nées d'un accident. — Les créances nées d'un accident, au profit des tiers lésés par cet accident ou de leurs ayants droit, sont garanties par un privilège portant sur l'indemnité dont l'assureur de la responsabilité civile se reconnaît ou a été judiciairement reconnu débiteur à raison de la convention d'assurance. Aucun payement fait à l'assuré n'est libératoire tant que les créanciers privilégiés n'ont pas été désintéressés (L. 28 mai 1913).

. . . .

70 *bis.* Il y a lieu d'ajouter à cette énumération le privilège créé par l'art. 2 de la loi du 5 août 1911 en faveur des associations syndicales autorisées. V. Addit., *Association syndicale de propriétaires.*

. . . .

V. Addit., *Fonds de commerce.*

PROFESSIONS AMBULANTES. — V. Addit., *Industrie-commerce.*

PROPRIÉTÉ INDUSTRIELLE ET COMMERCIALE

3 *bis.* — I. **Dessins et modèles industriels.** — Les dessins et modèles ont fait l'objet d'une loi du 14 juill. 1909 qui abroge certaines dispositions de la loi du 18 mars 1806. — Aux termes de l'art. 1er, tout créateur d'un dessin ou modèle et ses ayants cause ont le droit exclusif d'exploiter, vendre ou faire vendre ce dessin ou modèle dans les conditions prévues par ladite loi, sans préjudice des droits qu'ils tiendraient d'autres dispositions légales, et notamment de la loi des 19-24 juill. 1793.

4 *bis.* La loi du 14 juill. 1909 est applicable à tout dessin nouveau, à toute forme plastique nouvelle, à tout objet industriel qui se différencie de ses similaires, soit par une configuration distincte et reconnaissable lui conférant un caractère de nouveauté, soit par un ou plusieurs effets extérieurs lui donnant une physionomie propre et nouvelle. Mais si le même objet peut être considéré à la fois comme un dessin ou modèle nouveau et comme une invention brevetable, et si les éléments constitutifs de la nouveauté du dessin ou modèle sont inséparables de ceux de l'invention, ledit objet ne peut être protégé que conformément à la loi du 5 juill. 1844 (V. *Brevet d'invention*).

5 *bis.* La publicité donnée à un dessin ou modèle, antérieurement à son dépôt, par une mise en vente ou par tout autre moyen, n'entraîne la déchéance ni du droit de propriété ni de la protection spéciale accordée par la loi du 14 juill. 1909.

6 *bis.* Le bénéfice de la loi du 14 juill. 1909 s'applique aux dessins ou modèles dont les auteurs ou leurs ayants cause sont Français ou domiciliés en France, ou ont en France des établissements industriels ou commerciaux ou sont ressortissants d'un État qui assure, par sa législation intérieure ou ses conventions diplomatiques, la réciprocité aux dessins ou modèles français.

. . . .

8 *bis.* Les dessins ou modèles régulièrement *déposés* jouissent seuls du bénéfice de la loi du 14 juill. 1909. — Le dépôt est effectué, sous peine de nullité, au secrétariat du conseil des prud'hommes ou, à défaut de conseil des prud'hommes, au greffe du tribunal de commerce du domicile du déposant. Lorsque le domicile du déposant est situé hors de France, le dépôt est effectué au secrétariat du conseil des prud'hommes du département de la Seine.

9-1°. Le dépôt comporte deux exemplaires identiques d'un spécimen ou d'une représentation de l'objet revendiqué, avec légende explicative, si le déposant le juge nécessaire, le tout contenu dans une boîte hermétiquement fermée et sur laquelle sont apposés le cachet et la signature du déposant, ainsi que le sceau et le visa du secrétariat ou du greffe. Le même dépôt peut comprendre de 1 à 100 dessins ou modèles, qui doivent être numérotés.

9-2°. La boîte déposée peut rester au secrétariat ou au greffe pendant une période de cinq années au maximum. Le déposant ou ses ayants cause peuvent toujours requérir la *publicité* du dépôt, soit à l'égard de tous les objets compris dans la boîte, soit à l'égard d'un ou de plusieurs d'entre eux. Lorsque le déposant ou ses ayants droit veulent opposer le dépôt aux tiers, ils doivent requérir l'ouverture de la boîte, et demander la publicité du dépôt. La boîte est adressée dans ce but à l'Office national de la propriété industrielle, qui fait reproduire, par un procédé photographique, l'un des deux exemplaires du dessin ou modèle, qui sera communiqué aux tribunaux, s'il y a lieu, tandis que l'autre demeurera à l'Office où il sera communiqué dans les conditions déterminées par la loi.

9-3°. La durée totale de la protection accordée par la loi du 14 juill. 1909 au dessin ou modèle déposé est de *cinquante ans* à partir de la date du dépôt. — A l'expiration de la période des cinq premières années, la boîte renfermant les objets pour le dépôt desquels la publicité n'a pas été requise avant ce terme est restituée au déposant sur sa demande. S'il veut maintenir son dépôt, le déposant doit requérir le maintien avant l'expiration des susdites cinq années, soit avec publicité, soit sous la forme secrète. Le dépôt ainsi maintenu à l'Office national prend fin vingt-cinq ans après la date de son enregistrement au secrétariat ou au greffe si, avant l'expiration dudit délai, le déposant n'en a pas demandé la prorogation pour une nouvelle période de vingt-cinq ans.

9-4°. Au moment où les dépôts s'effectuent, il est versé au secrétariat du conseil ou au greffe du tribunal une indemnité de 3 fr. 95 par dépôt, plus 5 centimes par objet déposé. Lorsque, soit au cours, soit à la fin de la première période, la publicité du dépôt est requise, il est payé une taxe de 30 francs par chacun des objets pour lesquels la publicité est requise. La prorogation d'un dépôt à l'expiration des vingt-cinq premières années est subordonnée au payement d'une nouvelle taxe de 50 francs par chaque objet protégé si le dépôt a été rendu public, et de 75 francs s'il est resté jusqu'alors secret.

10 *bis.* Lorsque la publicité d'un dépôt ou son maintien avec ou sans publicité n'ont pas été demandés avant le terme de cinq années et que, à l'expiration de ce délai, la boîte scellée n'a pas été réclamée, les scellés sont ouverts et les objets renfermés dans la boîte sont transmis aux établissements qui auront été désignés à cet effet par décret. Sont également remis auxdits établissements : après vingt-cinq ans, les objets pour lesquels aucune prorogation de dépôt n'a été requise; après cinquante ans, ceux dont le dépôt a été prorogé. Les objets que les établissements sus-indiqués auront jugés dignes d'être conservés sont exposés ou communiqués au public.

. . . .

16-1°. Toute atteinte portée sciemment aux droits garantis par la loi du 14 juill. 1909 est punie d'une amende de 25 à 2000 francs. Dans les cas de récidive, ou si le délinquant est une personne ayant travaillé pour la partie lésée, il est prononcé, en outre, un emprisonnement d'un mois à six mois. Il y a récidive lorsqu'il a été prononcé contre le prévenu, dans les cinq années antérieures, une première condamnation pour un des délits prévus par la loi de 1909. Les coupables peuvent, en outre, être privés, pendant cinq années au plus, du droit d'élection et d'éligibilité aux tribunaux et chambres de commerce ainsi qu'aux conseils de prud'hommes.

16-2°. La loi du 14 juill. 1909 est entrée en vigueur six mois après sa promulgation. A dater de cette époque, les dépôts antérieurs ont été soumis aux dispositions de la loi nouvelle. Les dépôts à perpétuité cesseront d'être valables cinquante ans après sa mise en vigueur.

80 *bis.* Une loi du 8 août 1912 a réglé l'usage industriel ou commercial des récompenses (prix, médailles, mentions, etc.) obtenues dans les expositions ou concours, ou décernées par des corps constitués, associations, etc. Elle exige l'enregistrement du palmarès ou du diplôme à l'Office national de la propriété industrielle préalablement à tout usage industriel ou commercial des récompenses. Elle prononce des peines consistant dans des amendes variant de 50 francs à 6000 francs et un emprisonnement de trois mois à deux ans contre ceux qui contreviendront aux dispositions qu'elle édicte.

. . . .

PROPRIÉTÉ LITTÉRAIRE

24 *bis.* Aux termes de la loi du 9 avr. 1910, l'aliénation d'une œuvre d'art n'entraîne pas, à moins de convention contraire, l'aliénation du droit de reproduction de cette œuvre d'art.

46 *bis.* La convention de Berne du 9 sept. 1886 a été revisée par une convention conclue à Berlin, le 13 nov. 1908.

. . . .

PRUD'HOMMES

22 *bis.* Les membres des conseils de prud'hommes qui ont été déclarés démissionnaires ou déchus de leurs fonctions par application des art. 49 et 50 de la loi du 27 mars 1907, peuvent, d'office ou sur leur demande adressée au ministre de la Justice, après un délai d'un an depuis le refus d'installation, la démission ou la déclaration de démission, ou de six ans depuis la déchéance, être relevés de cette incapacité par un décret rendu après avis du conseil d'administration du ministère de la Justice (L. 8 mars 1912).

PUISSANCE PATERNELLE

27 *bis.* Le père est, du vivant des époux, administrateur légal des biens de leurs enfants mineurs non émancipés, à l'exception de ce qui leur aurait été donné ou légué sous la condition expresse d'être administré par un tiers (C. civ., art. 389, § 1er, Loi du 6 avr. 1910).

28 *bis.* L'administrateur légal accomplit seul les actes que le tuteur peut faire seul ou autorisé par le conseil de famille, et avec l'autorisation du tribunal les actes que le tuteur ne peut accomplir sans cette autorisation (C. civ., art. 389, § 6, Loi du 6 avr. 1910). Il est tenu, toutefois, de faire emploi des capitaux lorsqu'ils s'élèvent à plus de 1500 francs, et de convertir en titres nominatifs les titres au porteur des valeurs mobilières, à moins que ces titres ne soient pas susceptibles de cette conversion (C. civ., art. 389, § 7, Loi du 6 avr. 1910).

29 *bis.* Aux termes de l'art. 389, § 4, modifié par la loi du 6 avr. 1910, l'administrateur *ad hoc* est nommé par le tribunal statuant en chambre du conseil.

30 *bis.* L'administration légale cesse de droit d'appartenir à toute personne interdite, pourvue d'un conseil judiciaire, en état d'absence ou déchue de la puissance paternelle. Elle peut être retirée, pour cause grave, par le tribunal statuant en chambre du conseil, le ministère public entendu (C. civ., art. 389, § 9).

30 *ter.* Lorsque le père est déchu de l'administration, la mère devient de droit administratrice en son lieu et place avec les mêmes pouvoirs, sans avoir besoin de son autorisation maritale. — En cas de divorce ou de séparation de corps, l'administration appartient à celui des deux époux auquel est confiée la garde de l'enfant, s'il n'en est autrement ordonné (C. civ., art. 389, §§ 1 à 3, Loi du 6 avr. 1910).

. . . .

R

RÉCOMPENSES INDUSTRIELLES. — V. Addit., *Propriété industrielle.*

RECRUTEMENT DE L'ARMÉE

L. du 21 mars 1905 et du 7 août 1913 (*Petit Code administratif Dalloz*).

1 *bis.* — I. Principes généraux. — La loi du 21 mars 1905 qui organisait le service de deux ans a été modifiée dans une importante mesure par la loi du 7 août 1913 qui a ramené la durée du service actif à trois ans. Toutefois la loi de 1905 reste en vigueur dans celles de ses dispositions qui n'ont pas été modifiées par la loi nouvelle. — Tout Français doit le service militaire personnel, et le service militaire est égal pour tous. Il a une durée de vingt-huit années (L. 21 mars 1905, art. 2, modifié par la loi du 7 août 1913, art. 4).

3 *bis.* Il faut, en outre, n'être dans aucun des cas d'*indignité* prévus par la loi. — Les individus exclus de l'armée comme indignes sont : 1° ceux qui ont été condamnés a une peine afflictive ou infamante ; 2° les condamnés à une peine correctionnelle de deux ans d'emprisonnement et au-dessus et qui, en outre, ont été frappés de l'interdiction de tout ou partie de l'exercice des droits civiques, civils ou de famille ; 3° les relégués collectifs ou individuels ; 4° les individus condamnés à l'étranger, pour un crime ou délit puni par la loi pénale française, à une peine afflictive ou infamante ou à deux années d'emprisonnement ; 5° les individus reconnus coupables des délits prévus par la loi du 18 avr. 1886 sur l'espionnage. 6° Sont également exclus de l'armée et dans les conditions ci-dessus déterminées : *a)* les individus condamnés à une peine de trois mois d'emprisonnement au moins, soit par application de l'art. 242, § 2, C. just. milit., pour provocation à la désertion, soit par application de l'art. 84 de la loi du 21 mars 1905 pour manœuvres ayant pour but de favoriser ou provoquer l'insoumission ; *b)* les individus qui ont été l'objet de deux ou plusieurs condamnations dont la durée totale est de trois mois au moins, prononcées soit par application des art. 30 et 33 de la loi du 29 juill. 1881 pour diffamation ou injure envers les armées de terre et de mer, soit par application de l'art. 25 de la même loi, ou de l'art. 2 de la loi du 28 juill. 1894, pour provocation adressée à des militaires dans le but de les détourner de leurs devoirs militaires et de l'obéissance qu'ils doivent à leurs chefs (L. 21 mars 1905, art. 4 mod. et complété par les lois des 11 avr. 1910 et 6 déc. 1912).

4 *bis.* En second lieu, la loi prescrit d'incorporer dans les bataillons d'infanterie légère d'Afrique : 1° les individus reconnus coupables de crimes et condamnés seulement à l'emprisonnement par application des art. 67, 68 et 463 du Code pénal ; 2° ceux qui ont été condamnés correctionnellement à six mois d'emprisonnement au moins, soit pour blessures ou coups volontaires, par application des art. 309 et 311 du Code pénal, soit pour violences contre les enfants, prévues par l'art. 312, § 6 et suiv. du même Code ; 3° ceux qui ont été condamnés correctionnellement à un mois d'emprisonnement au moins pour outrage public à la pudeur, pour délit de vol, escroquerie, abus de confiance ou attentat aux mœurs prévu par l'art. 334 du Code pénal ; 4° ceux qui ont été condamnés correctionnellement pour avoir fait métier de souteneur, délit prévu par l'art. 2 de la loi du 3 avr. 1903, quelque soit la durée de la peine ; 5° ceux qui ont été l'objet de deux ou plusieurs condamnations dont la durée totale est de trois mois au moins pour rébellion (art. 209 à 221 du Code pénal), ou violences envers les dépositaires de l'autorité et de la force publique (art. 228 et 230 du Code pénal) ; 6° ceux qui ont été l'objet de deux ou plusieurs condamnations dont la durée totale est de trois mois au moins pour l'un ou plusieurs des délits spécifiés sous le paragraphe 2° ; 7° ceux qui ont été l'objet de deux ou plusieurs condamnations dont la durée totale est de trois mois au moins pour l'un ou plusieurs des délits prévus par les art. 269 à 276 inclusivement du Code pénal ; 8° ceux qui ont été l'objet de deux ou plusieurs condamnations dont la durée totale est de trois mois au moins, pour le délit de filouterie d'aliments prévu par l'art. 401 du Code pénal ; 9° ceux qui ont été l'objet de deux ou plusieurs condamnations, quelle qu'en soit la durée, pour l'un ou plusieurs des délits spécifiés sous le paragraphe 3° (L. 21 mars 1905, art. 5, mod. par la loi du 6 déc. 1912, art. 2).

4 *ter.* Tout militaire condamné correctionnellement avant son incorporation à une peine d'em-

prisonnement de moins de *trois mois* pour délit d'outrage public à la pudeur, vol, escroquerie, abus de confiance ou attentat aux mœurs, pourra, en cas d'inconduite grave, après un délai minimum de trois mois depuis son incorporation, être envoyé dans un bataillon d'infanterie légère d'Afrique. Ceux qui, par des fautes réitérées contre les règlements militaires ou par leur mauvaise conduite, portent atteinte à la discipline et constituent un danger pour la valeur morale du corps de troupe dont ils font partie, pourront être envoyés dans les *sections spéciales*, organisées en remplacement des compagnies de discipline, par décret du 4 août 1910.

4 *quater.* Les hommes incorporés dans les bataillons d'Afrique ou les sections spéciales, qui se seront fait remarquer devant l'ennemi ou auront accompli un acte de courage ou de dévouement, et ceux qui auront tenu une conduite régulière pendant six mois dans les sections spéciales et pendant un an dans les bataillons d'Afrique, pourront être renvoyés dans d'autres corps de troupe par décision du ministre de la Guerre rendue sur la proposition de leurs chefs hiérarchiques.

. . . .

5 *bis.* La loi subordonne à la condition d'avoir satisfait aux obligations qu'elle impose l'admission dans une administration de l'Etat et aux fonctions publiques, même électives. Cette disposition est inapplicable aux hommes qui n'ont pu être admis dans l'armée pour inaptitude physique ou qui ont été réformés avant d'avoir intégralement rempli leurs obligations militaires actives. — Le temps passé sous les drapeaux par les fonctionnaires, agents et sous-agents de toutes les administrations de l'Etat, par les ouvriers et employés des établissements de l'Etat, est compté pour le calcul de l'ancienneté de services exigée pour la retraite et pour le calcul de l'ancienneté exigée pour l'avancement, pour une durée équivalente de services civils (L. 1905, art. 7, mod. par la loi de 1913).

. . . .

8 *bis.* Les tableaux de recensement comprennent les noms de tous les jeunes gens qui sont Français, ont atteint l'âge de dix-neuf ans révolus dans l'année précédente et sont domiciliés dans l'une des communes du canton. — On doit également porter sur les tableaux de recensement de la première classe formée après leur changement de nationalité les individus devenus Français par voie de *réintégration* ou *déclaration* faite conformément aux lois. Ils suivent ensuite le sort de la classe avec laquelle ils ont été incorporés. Toutefois ils sont libérés à titre définitif à l'âge de cinquante ans au plus tard (L. 1905, art. 12).

8 *ter.* En ce qui concerne les individus devenus Français par voie de *naturalisation,* ils sont également portés sur les tableaux de recensement de la première classe formée après leur changement de nationalité, et ils sont incorporés en même temps que la classe avec laquelle ils ont pris part aux opérations de la revision, mais ils sont tenus d'accomplir le même temps de *service actif,* sans que, toutefois, cette obligation ait pour effet de les maintenir sous les drapeaux au delà de leur trente-cinquième année révolue. Ils suivent ensuite le sort de la classe avec laquelle ils ont été incorporés. Toutefois ils sont libérés à titre définitif à l'âge de cinquante ans au plus tard (L. 1905, art. 12, mod. par la loi de 1913, art. 8).

. . . .

12 *bis.* A côté du conseil de revision, fonctionnant après lui, l'art. 10 de la loi de 1913 a créé une *commission médicale militaire* chargée d'examiner les cas douteux reconnus par l'expert médical du conseil de revision. Cette commission, réunie au chef-lieu de chaque subdivision de région, se compose de trois médecins militaires. Elle adresse au préfet un rapport sur chacun des hommes examinés. Le conseil de révision, dans sa séance finale, statue sur tous les cas présentés, en dehors de la présence des intéressés. Ultérieurement, le préfet communique à chacun des hommes examinés la décision prise sur son compte.

14 *bis*. Les jeunes gens qui ont été *ajournés* sont astreints à comparaître les années suivantes, et jusqu'à leur passage dans la réserve de l'armée active, devant le conseil de revision du canton qui les a examinés une première fois. A chaque examen, ils sont, d'après leur état physique, soit déclarés propres au service armé, soit ajournés à nouveau, soit exemptés de tout service. Sous aucun prétexte, les hommes reconnus faibles de constitution ne peuvent être versés dans le service auxiliaire. Les jeunes gens ajournés une première fois, reconnus bons l'année suivante, font trois ans de service actif; après deux ajournements, les hommes pris par la revision font deux ans. Ceux qui, ayant été ajournés trois fois, sont pris au quatrième examen, ne sont astreints qu'à un an de service. Ceux enfin qui, après avoir été ajournés quatre fois, sont déclarés bons au dernier examen qu'ils doivent subir, sont versés dans la réserve et astreints aux périodes de la classe à laquelle ils appartiennent (L. 1913, art. 10).

14 *ter*. Les hommes de la quatrième catégorie (exempts de service) sont astreints à se présenter et à subir l'examen d'un conseil de revision : 1° à la date de leur passage dans la réserve active (vingt-quatre ans); 2° cinq ans après cette première visite (vingt-neuf ans); 3° au moment de leur passage dans l'armée territoriale (trente-cinq ans). Ceux reconnus, à l'un quelconque de ces examens, aptes au service militaire, sont immédiatement soumis aux obligations de la classe à laquelle ils appartiennent par leur âge (L. 1913, art. 9).

16 *bis*. En vertu de l'art. 22 de la loi de 1905, modifié par l'art. 12 de la loi de 1913, les familles des *soutiens indispensables de famille* incorporés peuvent recevoir en temps de paix, et sur leur demande, une allocation de un franc vingt-cinq centimes par jour, fournie par l'Etat pendant le temps de présence sous les drapeaux des soutiens de famille. Cette allocation est majorée de cinquante centimes par chaque enfant âgé de moins de seize ans à la charge du soutien de famille. L'allocation est accordée par un conseil composé du juge de paix président, du contrôleur des contributions directes et du receveur de l'enregistrement. Le conseil municipal et le préfet émettent sur chaque demande un avis motivé. Appel de la décision de ce conseil peut être interjeté dans le mois devant le tribunal civil d'arrondissement qui statue en chambre du conseil.

16 *ter*. Les hommes de troupes mariés, dont la cote ne dépasse pas 10 francs en principal, sont exonérés de l'impôt personnel et mobilier pendant la durée de leur service dans l'armée active (L. 1913, art. 49).

17 *bis*. Les élèves des écoles qui concourent au recrutement des officiers de l'armée active (Ecoles polytechnique, Saint-Cyr, du service de santé militaire et du service de santé de la marine) entrent directement dans ces écoles pour y faire leurs deux années de service. Ils sont versés, chaque année, pendant deux mois, dans un corps de troupes, à la date du 1er août, pour y servir, la première année comme soldats, la deuxième année comme sous-officiers et participer aux grandes manœuvres. Ces jeunes gens, en entrant à l'école, contractent un engagement de huit ans. Ceux qui ne sont pas classés dans les armées de terre ou de mer à leur sortie de l'Ecole polytechnique, font deux ans de service comme sous-lieutenants de réserve.

17 *ter*. Les élèves admis après concours à l'Ecole normale supérieure et à l'Ecole forestière sont assimilés aux élèves de l'Ecole polytechnique. Ils sont donc versés, chacune des deux premières années, pendant deux mois dans un corps de troupes pour y servir, la première année comme soldats, la deuxième comme sous-officiers et participer aux grandes manœuvres. A leur sortie de l'école ils font deux ans de service comme officiers de réserve (L. 1913, art. 13). — Les élèves de l'Ecole centrale, de l'Ecole des mines, de l'Ecole des ponts et chaussées ne bénéficient d'aucun régime spécial; ils sont soumis aux trois ans de service avec faculté d'obtenir des sursis d'incorporation.

17 *quater*. Les docteurs ou les étudiants en médecine ou en pharmacie, munis de douze inscriptions, qui ont subi avec succès, à la fin de leur première année de service, l'examen de médecin ou de pharmacien auxiliaire, peuvent être nommés à cet emploi et accomplissent en cette qualité leurs deux dernières années de service. La même situation est faite aux vétérinaires et élèves-vétérinaires de quatrième année.

18 *bis*. Le recrutement des officiers de réserve est encore assuré de la manière suivante : chaque année, au bout de six mois de service, entre les soldats incorporés, appelés ou engagés, un concours est ouvert pour l'admission aux écoles militaires d'infanterie, de cavalerie, d'artillerie, du génie et d'administration. Après un an de service à la caserne, les candidats admis entrent aux écoles. La durée des études y est d'un an. A leur sortie les élèves sont nommés aspirants. Ils accomplissent le dernier semestre de leur troisième année de service comme sous-lieutenants de réserve. A leur libération, ils sont nommés officiers dans la réserve et doivent conserver leurs fonctions pendant un temps fixé par le ministre de la Guerre au moment du concours. A l'expiration de ce temps, ils peuvent renoncer à leur grade. Ceux qui le conserveront seront astreints à des périodes d'exercices fixées par le ministre de la Guerre (L. 1913, art. 14). — Le recrutement des officiers de réserve se fait encore parmi les sous-officiers de réserve des corps de troupes. Il est même stipulé que le nombre de ces nominations ne peut être inférieur au tiers des vacances annuelles.

22 *bis*. — IV. Service militaire. — 1° *Bases du service*. — Tout Français reconnu propre au service militaire fait successivement partie : de l'armée active pendant trois ans; de la réserve de l'armée active pendant onze ans; de l'armée territoriale pendant sept ans; de la réserve de l'armée territoriale pendant sept ans. — Le service militaire est réglé par classe. L'armée active comprend, indépendamment des hommes qui ne proviennent pas des appels, tous les jeunes gens déclarés propres au service militaire armé ou auxiliaire, et faisant partie des trois derniers contingents incorporés (L. 1905, art. 32, mod. par la loi de 1913, art. 18).

23 *bis*. En temps de paix, chaque année, au 30 septembre, les militaires qui ont accompli le temps de service prescrit dans l'armée active, dans la réserve de l'armée active, dans l'armée territoriale, dans la réserve de l'armée territoriale, sont envoyés respectivement : dans la réserve de l'armée active, dans l'armée territoriale, dans la réserve de l'armée territoriale, dans leurs foyers comme libérés à titre définitif. Après les grandes manœuvres, la totalité de la classe dont le service actif expire le 30 septembre suivant peut être renvoyée dans ses foyers en attendant son passage dans la réserve. Toutefois, dans le cas où les circonstances paraissent l'exiger, le ministre de la Guerre et le ministre de la Marine sont autorisés à conserver temporairement sous les drapeaux la classe qui a terminé sa troisième année de service. Notification de cette décision doit être faite aux Chambres dans le plus bref délai possible (L. 1913, art. 19).

26 *bis*. Les militaires engagés ou appelés sous les drapeaux au titre des contingents annuels, accomplissant la durée légale du service, peuvent, en dehors des dimanches et jours fériés, obtenir des congés ou permissions jusqu'à concurrence d'un total de cent vingt jours, au cours de leurs trois années de service. En dehors des périodes de fêtes légales, le nombre des hommes simultanément absents ne doit pas dépasser, dans chaque unité, 10 p. 100 de l'effectif. Toutefois, à deux périodes dans l'année fixées par l'autorité militaire, mais qui ne peuvent pas au total excéder deux mois, le pourcentage peut être de 20 p. 100. Les hommes exerçant la profession d'agriculteur peuvent, de préférence aux autres, obtenir leurs permissions au moment des travaux des champs, en une ou deux périodes. Ces congés ou permissions ne peuvent être supprimés qu'en cas de punition grave (L. 1905, art. 38, mod. par la loi de 1913, art. 21).

26 *ter*. Les militaires qui, pendant la durée de leur service, ont subi des punitions de prison ou de cellule d'une durée supérieure à huit jours, sont maintenus au corps, après la libération de leur classe ou l'expiration de leur engagement, pendant un nombre de jours égal au nombre de journées de prison ou de cellule qu'ils ont subies, déduction faite des punitions n'excédant pas huit jours. Néanmoins, ceux dont la conduite a été satisfaisante depuis leurs punitions peuvent bénéficier d'une réduction partielle ou même totale, après comparution devant un conseil de discipline régimentaire (L. 1905, art. 39, mod. par la loi de 1913, art. 22).

29 *bis*. Les familles des hommes de la réserve et de l'armée territoriale qui, au moment de leur convocation, remplissent effectivement les devoirs de soutien indispensable de famille peuvent recevoir une allocation journalière fournie par l'Etat pendant la durée de la période. Cette allocation, fixée à 1 fr. 25 centimes, est majorée de 50 centimes pour chaque enfant de moins de seize ans à la charge de l'homme convoqué. La demande doit être adressée au maire (L. 1913, art. 12 et 50).

35 *bis*. Aux termes de l'art. 48 de la loi du 21 mars 1905, complété par l'art. 106 de la loi de finances du 13 juill. 1911, « est assimilé à la paternité légale et donne droit aux mêmes faveurs le fait d'avoir, par le mariage, la charge de quatre ou de six enfants vivants ».

37 *bis*. — V. **Engagements volontaires et rengagements.** — 1° *Engagements volontaires.* — La loi du 21 mars 1905 modifiée par celle du 7 août 1913 admet des engagements volontaires de quatre ou cinq ans pour les troupes métropolitaines et de trois, quatre ou cinq ans pour les troupes coloniales, ainsi que pour certains corps

métropolitains d'Afrique. Ils peuvent être contractés aux conditions suivantes : 1° être Français ou naturalisé Français, apte à être inscrit sur les tableaux de recensement, ou autorisé par la loi à servir dans l'armée française ; 2° dans les troupes métropolitaines, avoir dix-huit ans accomplis, et, en outre, dans les troupes coloniales, contracter un engagement d'une certaine durée ; 3° n'être ni marié ni veuf avec enfants ; 4° n'avoir pas encouru certaines condamnations ; 5° jouir de ses droits civils ; 6° être de bonnes vie et mœurs ; 7° si l'on a moins de vingt ans, être pourvu du consentement de ses père et mère, ou du consentement du tuteur, autorisé par une délibération du conseil de famille ; 8° produire un extrait de son casier judiciaire et un certificat délivré par le maire de son dernier domicile.

38 *bis*. Les hommes exemptés ou classés dans le service auxiliaire peuvent, jusqu'à l'âge de trente-deux ans accomplis, être admis à contracter des engagements volontaires, s'ils réunissent les conditions d'aptitude physique exigées. — La loi admet également un engagement spécial de trois ans dit *devancement d'appel*, qui peut être contracté au moment de l'incorporation de la classe, dans le corps de leur choix et jusqu'à concurrence du nombre fixé par le ministre pour chaque corps, par les jeunes gens d'au moins dix-huit ans, remplissant les conditions d'aptitude physique et pourvus du certificat d'aptitude militaire institué par la loi du 8 avr. 1905. De même les jeunes gens d'au moins dix-neuf ans, non pourvus du certificat d'aptitude militaire et réunissant les conditions fixées par la loi de recrutement, peuvent être admis à contracter, dans les troupes métropolitaines, des engagements de trois ans (L. 1905, art. 50, mod. par la loi de 1913, art. 25).

38 *ter*. Les jeunes gens âgés d'au moins dix-huit ans qui sont désireux d'aller se fixer, à l'expiration de leur service militaire, soit en Algérie, soit dans une colonie française, soit dans les pays de protectorat, soit à l'étranger hors d'Europe et des pays limitrophes de la Méditerranée, sont admis à contracter, au moment de l'incorporation de la classe, un engagement spécial de trois ans six mois, dit de dévancement d'appel pour résidence dans une colonie française ou à l'étranger hors d'Europe. Ils ont la faculté d'être mis en congé à l'expiration de leur troisième année de service, s'ils ont obtenu un certificat de bonne conduite. Dans les six mois qui suivent leur libération, ils doivent se rendre en Algérie, dans une colonie française, dans un pays de protectorat ou à l'étranger hors d'Europe ou des pays limitrophes de la Méditerranée et faire certifier chaque année, pendant cinq années consécutives, leur présence dans les pays d'outre-mer par le gouverneur de la colonie ou l'agent diplomatique français, suivant le cas. — Les mêmes facilités d'engagement par devancement d'appel sont accordées aux jeunes gens nés ou déjà fixés à l'étranger (L. 1913, art. 25, § 5).

38 *quater*. En cas de guerre, des engagements pour la durée de la guerre peuvent être contractés par les hommes ayant accompli le temps de service dans l'armée active, ou réserve et l'armée territoriale. En cas de guerre continentale, des engagements de même nature peuvent être contractés par les jeunes gens ayant dix-sept ans. Le temps ainsi passé sous les drapeaux est, pour ces engagés, déduit des trois années de service actif (L. 1905, art. 52, mod. par la loi de 1913, art. 27).

ADDITIONS

40 *bis*. — *2° Rengagements*. — Les lois du 21 mars 1905 et du 7 août 1913 se montrent favorables aux rengagements. Les militaires de toutes armes et de tous grades sont admis à contracter des rengagements de six mois, un an, dix-huit mois, deux, trois, quatre ou cinq ans. Cette faculté leur est ouverte dès qu'ils ont accompli un an de service dans les troupes métropolitaines et six mois dans les troupes coloniales. Le rengagement date du jour de l'expiration légale du service dans l'armée active. — La même faculté est accordée aux militaires libérés qui ont quitté le service depuis moins de deux ans, s'ils désirent entrer dans les troupes métropolitaines ; à tous les militaires libérés comptant moins de trente-six ans d'âge, s'ils désirent entrer dans les troupes coloniales. Toutefois, le militaire libéré ne peut rengager que pour trois ans au moins, dans les troupes coloniales. Dans les troupes métropolitaines le rengagement minimum qu'il peut contracter doit lui permettre de compléter au moins quatre ans de service. — Le rengagement est subordonné au consentement du conseil de régiment.

41 *bis*. Les rengagements sont renouvelables jusqu'à une durée totale de quinze années de service pour les sous-officiers ou anciens sous-officiers de l'armée métropolitaine, pour les caporaux, brigadiers ou soldats de cette armée occupant certains emplois, pour les militaires de tous grades de l'armée coloniale, du régiment des sapeurs-pompiers de Paris et de certains corps de l'armée métropolitaine d'Afrique désignés par le ministre ; de dix années pour les brigadiers et soldats dans les régiments de cavalerie et les batteries des divisions de cavalerie, et de cinq années pour les caporaux, brigadiers et soldats des autres troupes métropolitaines. Exceptionnellement certains militaires peuvent être maintenus sous les drapeaux comme rengagés après quinze ans de service (L. 1905, art. 54, mod. par la loi de 1913, art. 28).

43 *bis*. — *3° Suppression des commissionnés.* — L'art. 58 de la loi du 21 mars 1905, qui réglait la situation des militaires maintenus sous les drapeaux en qualité de commissionnés, ayant été abrogé par l'art. 29 de la loi du 7 août 1913, il n'est plus accordé pour l'avenir de commissions nouvelles. Mais, aux termes de l'art. 41 de la loi de 1913, les militaires qui servent actuellement en qualité de commissionnés conservent cette situation jusqu'à leur libération, à moins qu'ils ne demandent eux-mêmes à continuer de servir comme rengagés.

. . . .

45 *bis*. — *VI. Avantages assurés aux engagés et rengagés.* — *1° Avantages pécuniaires.* — Les lois des 21 mars 1905 et 7 août 1913, en vue d'encourager les engagements volontaires pour une période plus longue que celle du service obligatoire et les rengagements, accordent certains avantages. Ils consistent notamment : pour les engagés, dans le droit de choisir leur arme et leur corps, sous réserve des conditions d'aptitude physique exigées pour cette arme ; — dans une haute paye journalière attribuée à tout militaire lié au service pour une durée supérieure à la durée légale ; — dans une prime attribuée à tout militaire qui, par un engagement ou un rengagement, porte la durée de son service à quatre ou cinq années ; — pour les sous-officiers de toutes armes restant sous les drapeaux au delà de cinq années, à partir du commencement de la sixième année, dans une solde spéciale ; — dans une pension proportionnelle attribuée aux militaires qui quittent les drapeaux après quinze ans de service, et dans la pension de retraite accordée à ceux qui ont accompli vingt-cinq ans de service, etc.

. . . .

53 *bis*. Les Français ou naturalisés Français résidant à l'étranger hors d'Europe ou des pays limitrophes de la Méditerranée, soit qu'ils y soient nés, soit qu'ils s'y soient établis avant l'âge de dix-huit ans, peuvent être admis à bénéficier des mêmes avantages. Ils accomplissent leur service militaire dans une des colonies les plus voisines. Ils doivent, en cas de mobilisation, rejoindre, dans le plus bref délai, leur corps d'affectation. S'ils reviennent en France avant leur passage dans l'armée territoriale, ils doivent accomplir ou compléter, dans un corps de la métropole, le temps de service dans l'armée active prévu par la loi, sans toutefois pouvoir être retenus sous les drapeaux au delà de la date où leur classe d'origine passe dans l'armée territoriale (L. 1913, art. 46).

54 *bis*. — *IX. Dispositions transitoires spéciales à la loi du 7 août 1913.* — La loi du 7 août 1913 n'est pas applicable aux appelés appartenant aux classes de 1910, 1911 et 1912, qui demeurent régis par la loi du 21 mars 1905. Ces jeunes gens ne font, par suite, que deux ans de service dans l'armée active. Toutefois, usant du droit de maintenir la classe sous les drapeaux, le Gouvernement a décidé que la classe 1910 serait conservée après l'expiration de la deuxième année de service. Le supplément de service qu'elle effectuera ne sera d'ailleurs que de six semaines à deux mois, par suite de l'incorporation à 20 ans de la classe 1913. — Par contre, les dispositions relatives à la nouvelle durée du service dans les réserves (V. n° 22 *bis*) sont appliquées aux hommes de toutes les classes, appelés ou recensés en vertu des lois antérieures, libérés ou non du service militaire actif, à l'exception des hommes actuellement dégagés par leur âge de toute obligation militaire.

. . . .

REPOS HEBDOMADAIRE

1 *bis*. La loi du 13 juill. 1906, sur le repos hebdomadaire, a été déclarée applicable aux clercs des études dans les offices ministériels par l'art. 95 de la loi de finances du 13 juill. 1911. V. Addit., *Notaire-notariat*.

7 *bis*. Le décret du 14 août 1907 a été complété par les décrets du 10 sept. 1908 (*Bulletin Dalloz*, 1908, p. 393) et du 30 avr. 1909 (*Bulletin Dalloz*, 1909, p. 262).

10 *bis*. Un décret du 16 mars 1908 a donné, en ce qui concerne les femmes et les enfants, la nomenclature des catégories d'établissements admis à bénéficier des dérogations prévues à l'art. 6 de la loi du 13 juill. 1906. Ce décret a été abrogé et remplacé par celui du 29 avr. 1913 (*Bull. Dalloz*, 1913, p. 232).

. . . .

RÉQUISITIONS MILITAIRES

28-1°. — *Recensement, classement, réquisition des voitures automobiles.* — L'autorité militaire a le droit d'acquérir par voie de réquisition et dans les conditions générales prévues par la loi du 3 juill. 1877 les voitures automobiles nécessaires au service de l'armée (Loi du 22 juill. 1909). — Tous les ans, du 1er au 16 janvier, a lieu dans chaque commune, sur la déclaration obligatoire des propriétaires et, au besoin, d'office, le recensement des automobiles. Les listes de recensement doivent mentionner, en regard de chaque voiture, outre les noms des propriétaires, les noms des personnes habituellement préposées à la conduite de ces voitures, lorsque ces personnes sont soumises aux obligations du service militaire.

28-2°. Chaque année, le ministre de la Guerre fait procéder, du 16 janvier au 1er mars ou du 15 avril au 15 juin, à l'inspection et au classement des voitures automobiles. L'inspection et le classement ont lieu, dans chaque département, dans les localités désignées à l'avance par l'autorité militaire, après entente avec les préfets. Le maire de chaque commune où il existe des automobiles ou son suppléant légal assiste à l'inspection et au classement.

28-3°. Sont exemptées de la réquisition en cas de mobilisation et ne sont pas portées sur la liste de classement : les voitures dont les fonctionnaires sont tenus d'être pourvus pour leur service ; les voitures indispensables pour assurer le service des administrations publiques ; les voitures appartenant aux docteurs en médecine à raison d'une voiture par médecin.

28-4°. Les voitures recensées sont présentées au classement en bon état de fonctionnement. A l'issue du classement il est procédé pour chaque commune et, dans chaque commune, pour chaque catégorie de voitures, à un tirage au sort qui règle l'ordre d'appel des voitures en cas de mobilisation. Un double de ce tableau est déposé à la mairie de chaque commune jusqu'au classement suivant.

28-5°. Le contingent des voitures automobiles à fournir en cas de mobilisation, dans chaque région, est fixé par le ministre de la Guerre. — Dès la réception de l'ordre de mobilisation, le maire prévient les propriétaires de voitures automobiles, d'après les numéros de tirage portés sur le dernier état de classement, et suivant la demande de l'autorité militaire, d'avoir à les faire conduire, aux jour et heure fixés, au point indiqué par cette autorité. — Les prix des voitures automobiles requises sont déterminés à l'avance et fixés d'une manière absolue d'après leur catégorie et leur ancienneté de fabrication. Les propriétaires des voitures reçoivent sans délai des mandats représentant les prix d'achat et payables à la caisse du receveur des finances le plus proche.

28-6°. Les propriétaires qui, sans motifs légitimes, n'ont pas conduit les voitures classées au lieu indiqué pour la réquisition, sont déférés aux tribunaux et, en cas de condamnation, frappés d'une amende de 50 à 5000 francs. — Les propriétaires qui ne se conforment pas aux autres prescriptions de la loi sont passibles d'une amende de 25 à 1000 francs. — Ceux qui ont fait sciemment de fausses déclarations sont frappés d'une amende de 50 à 2000 francs. — En temps de paix et hors le cas de mobilisation, l'art. 463 C. pén., relatif aux circonstances atténuantes, et la loi du 26 mars 1891 (loi Bérenger) sont applicables.

. . . .

31 *bis.* La loi du 23 juill. 1911 a complété la loi du 3 juill. 1877 en ce qui concerne la réquisition des établissements industriels et des marchandises déposées dans les entrepôts de douane et dans les magasins généraux ou en cours de transport par voie ferrée. Cette loi a, en outre, codifié toutes les dispositions ajoutées à la loi du 3 juill. 1877, aussi bien par elle-même que par les lois antérieures du 17 avr. 1901 et du 27 mars 1906.

. . . .

RESPONSABILITÉ PÉNALE

34 *bis.* L'art. 66 du Code pénal a été modifié ainsi qu'il suit par l'art. 21 de la loi du 22 juill. 1912 : « Lorsque le prévenu ou l'accusé aura *plus de treize ans* et moins de dix-huit ans, s'il est décidé qu'il a agi sans discernement, il sera acquitté ; mais il sera, selon les circonstances, remis à ses parents, *à une personne ou à une institution charitable*, ou conduit dans une colonie pénitentiaire, pour y être élevé et détenu pendant le nombre d'années que le jugement déterminera, et qui, toutefois, ne pourra excéder l'époque où il aura atteint l'âge de vingt et un ans. — *Dans le cas où le tribunal aura ordonné que le mineur sera remis à ses parents, à une personne ou à une institution charitable, il pourra décider, en outre, que ce mineur sera placé, jusqu'à l'âge de vingt et un ans au plus, sous le régime de la liberté surveillée* (V. le n° suivant). *A l'expiration de la période fixée par le tribunal, celui-ci statuera à nouveau à la requête du procureur de la République.* »

34 *ter.* Les tribunaux peuvent prononcer provisoirement la mise en *liberté surveillée* des mineurs, de dix-huit ans, sous la garde d'une personne ou d'une institution charitable. Ils peuvent désigner des *délégués* chargés, sous leur direction, d'assurer et de contrôler la mise en liberté surveillée. Ces délégués sont choisis de préférence parmi les membres des sociétés de patronage, des comités de défense des enfants traduits en justice et des institutions charitables. Les délégués visitent les mineurs en liberté surveillée et fournissent des rapports sur leur conduite au président du tribunal. En cas de mauvaise conduite, le président peut, soit d'office, soit sur simple requête du délégué, ordonner de citer le mineur et les personnes chargées de sa garde pour qu'il soit statué à nouveau (L. 22 juill. 1912, art. 20 et s.). — Sur l'organisation des tribunaux pour enfants et adolescents et les formes d'instruction et de jugement instituées par la loi du 22 juill. 1912, V. Addit., *Instruction criminelle.*

35 *bis.* En vertu de l'art. 26 de la loi du 22 juill. 1912, qui a modifié les art. 67, 68 et 69 du Code pénal, il faut substituer dans ces articles aux mots : « le mineur de seize ans », les mots : « le mineur de plus de treize ans et moins de seize ans ».

. . . .

RETRAITES OUVRIÈRES ET PAYSANNES

(L. 5 avr. 1910, mod. par L. 27 févr. 1912, art. 54 à 62 ; Décr. 24 et 25 mars 1911).

1. — Principe de l'institution. — Les salariés des deux sexes de l'industrie, du commerce, des professions libérales et de l'agriculture, les serviteurs à gages, les salariés de l'État qui ne sont pas placés sous le régime des pensions civiles ou militaires et les salariés des départements et des communes, bénéficient d'une retraite de vieillesse dans les conditions déterminées par la loi du 5 avr. 1910 (entrée en vigueur le 3 juillet 1911). — Les fermiers, métayers, cultivateurs, artisans et petits patrons qui, habituellement, travaillent seuls ou avec un seul ouvrier ou avec des membres de leur famille salariés ou non, habitant avec eux, sont également admis à se constituer une retraite, ainsi que les femmes et veuves non salariées de ces diverses catégories d'intéressés. — Il n'est rien innové en ce qui concerne le personnel des chemins de fer, les ouvriers mineurs, les inscrits maritimes, les salariés de l'Etat, des départements et des communes affiliés à des caisses de retraites spéciales : ces travailleurs demeurent soumis, quant à la retraite, aux lois qui les régissent. — Les salariés *étrangers* travaillant en France sont soumis au même régime que les salariés français (V. toutefois nº 12).

2. — Diverses catégories d'assurés. — 1º *Assurés obligatoires*. — La constitution d'une retraite de vieillesse est *obligatoire*, en principe, pour tous les salariés, quels que soient leur sexe, leur âge, leur nationalité, dont la rémunération atteint au plus 3000 francs par an. — Les salariés dont la rémunération annuelle atteint 3000 francs cessent de faire partie de la liste des assurés obligatoires, mais ils conservent leurs droits acquis. — La loi s'applique : ... aux travailleurs de l'industrie, du commerce et de l'agriculture, qu'ils soient rémunérés par un salaire fixé à l'année, au mois, à la journée ou à l'heure; ... aux journaliers, autrement dit aux travailleurs employés tantôt chez un patron, tantôt chez un autre, notamment aux femmes de ménage; ... aux ouvriers à façon, à la tâche, aux pièces ou à domicile. Les ouvriers qui réunissent la double qualité de salarié et de propriétaire, notamment les cultivateurs possédant un petit domaine qu'ils exploitent eux-mêmes et qui se louent comme ouvriers au moment des travaux agricoles chez un propriétaire voisin, peuvent appartenir, à leur choix, à la catégorie des assurés obligatoires ou à celle des assurés facultatifs. — La loi s'applique, d'autre part, ... aux *employés de commerce*; ... aux salariés des *professions libérales* (rédacteurs de journaux, artistes dramatiques, professeurs, précepteurs, bibliothécaires, clercs de notaire, d'avoué, etc.); ... aux *domestiques* et serviteurs à gages.

3. — 2º *Assurés facultatifs*. — La constitution d'une retraite de vieillesse est facultative pour les salariés dont la rémunération atteint 3000 francs, mais ne dépasse pas 5000 francs. — Elle est également facultative pour les personnes énumérées par l'art. 36 de la loi, et qui se divisent en trois groupes : 1º les fermiers, métayers, cultivateurs, artisans, petits patrons (de l'industrie, du commerce ou de l'agriculture); 2º les membres de la famille de ces fermiers, métayers, artisans, etc., non salariés et habitant avec eux; 3º les femmes et les veuves non salariées des assurés. — Pour pouvoir être admis à faire des versements en vue de la retraite, les fermiers, métayers, artisans, etc., doivent travailler habituellement soit seuls, soit avec un seul ouvrier, soit avec des membres de leur famille, salariés ou non, habitant avec eux, soit encore avec ces parents ou alliés et un ouvrier étranger à la famille.

4. — Eléments constitutifs de la retraite. — 1º *Assurés obligatoires*. — En ce qui concerne les assurés obligatoires, la retraite est constituée par des versements obligatoires et par des versements facultatifs des assurés, par des contributions des employeurs et par des allocations viagères de l'Etat.

5. — a) *Versements des assurés*. — Les salariés sont assujettis à un versement annuel de 9 francs pour les hommes, 6 francs pour les femmes, 4 fr. 50 pour les mineurs au-dessous de dix-huit ans; soit, par journée de travail, respectivement 3 centimes, 2 centimes et 1 centime 5 millimes. Ces chiffres sont, en tant que versements obligatoires, un maximum qui ne peut être dépassé; ainsi, lorsqu'il est constaté par les timbres ou mentions apposés sur la carte d'un salarié que, pour l'année de validité de la carte, l'ensemble des versements déjà effectués a atteint les chiffres fixés de 9 francs, de 6 francs ou de 4 fr. 50, aucun prélèvement ne peut plus être exercé sur les salaires jusqu'à l'achèvement de ladite année. — En ce qui concerne les salariés rémunérés à façon, aux pièces, etc., V. nº 8.

6. En vue de permettre aux assurés de se constituer une retraite plus importante, la loi les autorise à effectuer, en plus des versements auxquels ils sont tenus, des *versements facultatifs*. Il n'existe aucune limitation de valeur pour ces versements, mais ceux-ci n'entraînent pas une contribution corrélative à la charge de l'employeur. Ils entrent seulement en compte pour le calcul des cotisations annuelles exigées pour avoir droit à l'allocation viagère de l'Etat.

7. — b) *Contributions des employeurs*. — Tout employeur qui occupe un salarié légalement astreint aux versements obligatoires est tenu de verser pour celui-ci une contribution. Les contributions des employeurs sont égales aux versements annuels des assurés, savoir 9 fr., 6 francs ou 4 fr. 50 suivant le cas. En ce qui concerne les employeurs occupant des ouvriers à façon, à la tâche, ou des salariés intermittents, V. nº 8. — La contribution reste exclusivement à la charge de l'employeur : il ne peut en récupérer le montant sur les salaires de ses ouvriers ou employés. Toute convention contraire est nulle de plein droit. Aucune sanction n'est, d'ailleurs, prévue pour les infractions à la règle ainsi posée.

8. — c) *Versements ouvriers et patronaux en ce qui concerne les salariés travaillant à façon, aux pièces, etc.* — Pour les salariés rémunérés à façon, aux pièces ou à la tâche qui, dans le cours d'une année, travaillent d'une manière régulière pour le compte d'un seul employeur ou de plusieurs employeurs successifs, les versements et contributions sont réglés comme pour les salariés rémunérés d'après la durée du travail (V. nᵒˢ 6 et s.). — Pour les salariés travaillant par intermittence pour le compte d'un même employeur, quand la période ininterrompue de travail représente un nombre entier de mois, les versements et contributions sont réglés, quel que soit le mode de rémunération, au taux de 9 francs par an pour les hommes, 6 francs pour les femmes, 4 fr. 50 pour les mineurs au-dessous de dix-huit ans, mais en comptant par fractions mensuelles. — Pour les salariés travaillant par intermittence pour le compte d'un même employeur, quand la période ininterrompue de travail ne représente pas un nombre entier de mois, les versements et contributions sont réglés, quel que soit le mode de rémunération : 1º pour les mois complets, ainsi qu'il est dit au paragraphe précédent; 2º pour les mois incomplets, sur la base des chiffres journaliers indiqués ci-dessus, nº 5. — Pour les salariés travaillant une seule fois ou par intermittence pour le compte d'un même employeur, quand la durée de chaque période de travail est de moins d'une journée, les versements et contributions sont calculés, par centimes, à raison de 1 p. 100 du salaire, quel que soit le mode de rémunération, sans pouvoir dépasser les chiffres journaliers indiqués ci-dessus, nº 5. — Pour les salariés travaillant à leur domicile, les versements et contributions sont calculés, par centimes, à raison de 1 p. 100 du salaire, quel que soit le mode de rémunération.

9. — d) *Sanction de l'obligation des versements ouvriers et patronaux.* — La non-exécution de l'obligation des versements peut être le fait soit du patron, soit de l'assuré. Dans l'un ou l'autre cas, l'auteur de l'infraction tombe sous le coup de l'art. 23, § 1er, qui dispose que « l'employeur ou l'assuré par la faute duquel l'apposition des timbres n'aura pas eu lieu, sera passible d'une amende égale aux versements omis, prononcée par le juge de simple police, sans préjudice de la condamnation, par le même jugement, au payement de la somme représentant les versements à sa charge. L'amende sera versée au fonds de réserve » (V. no 48).

10. Si l'ouvrier ou l'employé refuse de subir le précompte et, par le refus de donner sa carte au patron, met obstacle à l'apposition des timbres justifiant du double versement ouvrier et patronal, « l'employeur *peut*, dit l'art. 23, § 2, se libérer de la somme à sa charge en la versant à la fin de chaque mois, directement ou par la poste, au greffier de la justice de paix ou à l'organisme, reconnu par la loi, auquel est affilié l'assuré ». Le patron n'encourt donc aucune responsabilité dans cette hypothèse. Le versement au greffe constitue pour lui une simple faculté (Cass. 11 déc. 1911, D.P. 1912. 1. 83). S'il croit devoir en user, la « somme à sa charge » ne représente que sa propre contribution patronale.

11. — c) *Allocations viagères de l'État.* — La participation de l'État à la constitution de la retraite des assurés obligatoires consiste dans le service d'une allocation viagère, qui est liquidée et payée en même temps que la pension proprement dite. Cette allocation est fixée à 100 francs par an. Elle est augmentée d'une bonification d'un dixième pour tout assuré de l'un ou de l'autre sexe ayant élevé au moins trois enfants jusqu'à l'âge de seize ans (L. 27 févr. 1912, art. 54). Pour être admis à bénéficier de l'allocation de l'État, l'assuré doit justifier qu'il a effectué au moins trente versements annuels atteignant, y compris ses versements facultatifs, le chiffre fixé par l'art. 2 de la loi. Les deux années de service militaire obligatoire accomplies par les assurés entrent en compte pour la détermination du montant de l'allocation viagère. Pour les femmes, chaque naissance d'enfant, constatée par la déclaration faite à l'officier d'état civil, compte pour une année dans cette détermination. — Si le nombre des années de versement est inférieur à trente et supérieur à quinze, l'allocation viagère est calculée d'après le nombre des années de versements multiplié par 3 fr. 33. — Dans le cas où l'assuré ne demande la liquidation de sa retraite que postérieurement à l'âge de soixante ans (V. no 20), l'allocation de l'État est versée à la fin de chaque année, et jusqu'à l'époque de la liquidation, au choix de l'intéressé, soit entre ses mains, soit à l'une des caisses indiquées à l'art. 14 de la loi (V. no 37).

12. L'allocation viagère de l'État n'est accordée aux salariés *étrangers* travaillant en France et assurés, que si des traités avec leurs pays d'origine garantissent à nos nationaux des avantages équivalents. — En ce qui concerne les étrangers *naturalisés*, ils ne peuvent en réclamer le bénéfice que si leur naturalisation est intervenue avant qu'ils aient atteint l'âge de cinquante ans.

13. — 2o *Assurés facultatifs.* — En ce qui concerne les assurés facultatifs (V. no 3), leur retraite de vieillesse est constituée : 1o pour les fermiers, cultivateurs, artisans, petits patrons, etc., par des versements annuels de l'assuré de 9 francs au

minimum et de 18 francs au maximum ; 2o pour les métayers, par des versements annuels de 6 francs au minimum.

14. Les cotisations annuelles des *métayers* emportent de plein droit le versement de pareille somme par les propriétaires, à concurrence d'un maximum de 9 francs. Toutefois, les versements qu'un métayer opère pour constituer une retraite aux membres de sa famille, non salariés, qui travaillent et habitent avec lui, demeurent entièrement à sa charge et ne peuvent, en aucun cas, entraîner pour le propriétaire le payement de contributions corrélatives.

15. Les versements des assurés facultatifs bénéficient, sur les fonds de l'État, d'une *majoration* allouée chaque année, à capital aliéné, au compte de l'intéressé ; cette majoration est égale à la moitié des versements effectués dans l'année par l'assuré, ou, en ce qui concerne les métayers, à la fois par l'assuré et le propriétaire. Toutefois, le droit à la majoration est épuisé lorsque la rente viagère, résultant à soixante ans des majorations versées antérieurement, a atteint le chiffre de 100 francs, ou lorsque le bénéficiaire perd la qualité d'assuré facultatif. La rente provenant de la majoration ci-dessus prévue et, s'il y a lieu, de la bonification mentionnée au no 26-a) est augmentée d'un dixième, sans que cette augmentation puisse dépasser 10 francs, à l'égard de l'assuré de l'un ou de l'autre sexe ayant élevé au moins trois enfants jusqu'à l'âge de seize ans (L. 27 févr. 1912, art. 36).

16. — 3o *Assurés obligatoires qui deviennent assurés facultatifs.* — Lorsqu'un assuré qui gagnait moins de 3 000 francs lors de son inscription sur la liste des assurés obligatoires parvient à un salaire supérieur à ce chiffre, il est rayé de cette liste et il entre dans la catégorie des assurés facultatifs (V. no 3). Il en est de même s'il devient fermier, cultivateur, artisan, petit patron, etc. Quelle est, dans ces divers cas, sa situation au regard de la loi des retraites ? S'il profite de l'assurance facultative, les versements qu'il effectue en sa nouvelle qualité s'ajoutent à ceux qu'il avait faits antérieurement comme salarié et concourent à la formation de sa pension de retraite. S'il ne demande pas ou s'il n'obtient pas son inscription sur la liste des assurés facultatifs, il n'en conserve pas moins les droits qu'il a acquis comme assuré obligatoire, quelque minime que soit le chiffre des versements effectués. — En ce qui concerne l'allocation viagère de l'État, elle ne peut, en règle générale, se cumuler avec la rente résultant des majorations correspondant aux années d'assurance facultative (V. no 15) que jusqu'à concurrence du chiffre de 100 francs. Notamment, si un assuré a successivement appartenu pendant plus de quinze ans au régime des assurés obligatoires et à celui des assurés facultatifs, sans toutefois avoir effectué pendant trente années les versements prévus pour les assurés obligatoires, il a droit, pour chaque année de versement en qualité d'assuré obligatoire, à l'allocation de 3 fr. 33, laquelle s'ajoute à la rente provenant des majorations correspondant à ses années d'assurance facultative, sans que le total puisse excéder le maximum de 100 francs.

17. — 4o *Assurés facultatifs qui deviennent assurés obligatoires.* — Lorsqu'un assuré facultatif tombe sous le régime de l'assurance obligatoire, — soit parce que, gagnant plus de 3 000 francs lors de son inscription sur la liste, il a vu son salaire descendre au-dessous de ce chiffre, soit parce qu'il a dû abandonner son exploitation agricole, industrielle ou commerciale, pour s'engager comme salarié, — les versements qu'il a effectués en sa précédente qualité s'ajoutent à ses versements obligatoires de salarié et concourent à la formation de sa pension de retraite. — En ce qui concerne l'allocation viagère de l'Etat, il semble, dans le silence de la loi, qu'il y ait lieu d'appliquer les règles posées par l'art. 4 de la loi, § 1 à 4 (V. n° 16). Toutefois, les majorations versées par l'Etat pendant la période d'assurance facultative ne sauraient se cumuler avec l'allocation viagère acquise grâce aux versements obligatoires que jusqu'à concurrence d'une rente de 100 francs par an au maximum.

18. — Mode de constitution de la retraite. — Deux systèmes étaient en présence en ce qui concerne le mode de constitution de la pension de retraite : la *répartition* et la *capitalisation*. La répartition consiste dans le partage immédiat des versements annuels entre tous les retraités : ainsi, les patrons et les ouvriers jeunes et actifs servent les pensions des travailleurs âgés ou invalides. — Avec la capitalisation, chaque assuré se constitue à lui-même sa retraite : ses versements, les contributions de son patron, les majorations que l'Etat lui accorde s'il est assuré facultatif, sont accumulés, employés en placements, s'augmentent des intérêts composés et des cotisations des assurés morts avant 60 ans, et arrivent ainsi à former, au jour de la retraite, un capital qui sert à payer la pension. C'est ce dernier système qui a été adopté par la loi du 5 avr. 1910, sauf en ce qui concerne les allocations viagères de l'Etat, lesquelles, aux termes de l'art. 4, § 9, de cette loi, modifié par celle du 27 févr. 1912, sont payées *en arrérages* au moyen de crédits inscrits au budget du ministère du Travail.

19. En principe, la retraite est constituée à *capital aliéné*, c'est-à-dire que l'assuré fait abandon de ses versements à la Caisse des retraites et que, lors de son décès, ses ayants droit ne peuvent prétendre à rien sur les sommes qu'il a versées. Cependant, si l'assuré le demande, ses versements peuvent être faits à *capital réservé*. La demande ne peut émaner que de personnes ayant atteint leur majorité. L'assuré n'est pas lié par cette déclaration : il peut, par une déclaration ultérieure, adopter de nouveau le régime de l'aliénation du capital. En cas de réserve du capital, lors du décès de l'assuré, qu'il soit ou non en jouissance de sa pension, les sommes qu'il a personnellement versées sont remboursées à ses héritiers sans intérêts. Par contre, la retraite est notablement moins élevée qu'en cas d'aliénation du capital.

20. — Age de la retraite. Retraite anticipée. — L'âge normal de la liquidation de la retraite est 60 ans. Mais tout assuré a la faculté d'en ajourner la liquidation jusqu'à l'âge de 65 ans (L. 27 févr. 1912, art. 55). D'autre part, tout assuré peut, à partir de 55 ans, réclamer la liquidation anticipée de sa retraite ; dans ce cas, l'allocation viagère accordée par l'Etat est réduite en conséquence. Le même droit appartient, à tout âge, aux assurés atteints, en dehors des cas régis par la loi du 9 avr. 1898, et à l'exclusion de toute faute intentionnelle, de blessures graves ou d'infirmités prématurées entraînant une incapacité absolue et permanente de travail. Des dispositions spéciales règlent la situation des personnes âgées de 65 à 69 ans au moment de l'entrée en vigueur de la loi (V. n°s 23 et 24). D'autres dispositions spéciales édictées par décret sont établies pour les employés et ouvriers de l'Etat soumis à des régimes de retraite autres que ceux des pensions civiles et des pensions militaires, et quittant le service avant la liquidation de la pension.

21. — Prédécès de l'assuré. Droits des veuves et orphelins. — Si un assuré encore astreint aux obligations de la loi sur les retraites décède avant d'être pourvu d'une pension de retraite, mais ayant effectué les trois cinquièmes au moins des versements obligatoires, il est alloué : 1° à ses enfants âgés de moins de 16 ans, une somme de 50 francs par mois pendant six mois, s'ils sont au nombre de trois ou plus ; pendant cinq mois, s'ils sont au nombre de deux ; pendant quatre mois, s'il n'y en a qu'un seul ; 2° à la veuve sans enfants de moins de seize ans, 50 francs par mois pendant trois mois. En cas de divorce, les mêmes avantages sont alloués à la femme non remariée, quand le divorce a été prononcé aux torts exclusifs du mari.

22. — Dispositions transitoires. — Un grand nombre de travailleurs se sont trouvés, en raison de leur âge, dans l'impossibilité, au jour de l'entrée en vigueur de la loi (3 juill. 1911), de remplir les conditions normales d'admission à la retraite. La loi contient, en ce qui les concerne, des dispositions particulières d'un caractère transitoire.

23. Spécialement, les personnes âgées de *soixante-cinq* à *soixante-neuf* ans au moment de l'entrée en vigueur de la loi reçoivent de l'Etat, si elles sont reconnues admissibles aux allocations de la loi d'assistance aux vieillards du 14 juill. 1905, c'est-à-dire si elles sont privées de ressources, la totalité des allocations annuelles auxquelles elles auraient droit par application de cette dernière loi, sous la réserve d'un maximum de 100 francs par an. C'est ce que l'on a appelé la *rétrogradation* de la loi d'assistance aux vieillards.

24. Toute personne âgée de soixante-cinq à soixante-neuf ans qui entend se prévaloir de ces dispositions adresse au maire de la commune de sa résidence une demande écrite et signée d'elle, conforme au modèle arrêté par le ministre de l'Intérieur. Si elle ne peut signer sa demande, elle y appose un signe dont l'authenticité est attestée par deux témoins domiciliés dans la commune. Si elle est incapable de manifester sa volonté, la demande est établie par le maire, assisté de deux témoins. Le maire donne récépissé de la demande au postulant. — Le décret du 24 mars 1911 a fixé la façon de procéder, les pièces à fournir par le postulant, le mode de recours, au cas où sa demande est rejetée, la situation de l'assuré, au cas où les circonstances qui ont motivé l'admission de sa demande se trouvent modifiées.

25. D'autre part, pour les assurés *obligatoires* ayant *au moins* 30 ans accomplis au moment de l'entrée en vigueur de la loi, le nombre des années de versements exigées pour avoir droit à l'allocation viagère de l'Etat de 100 francs est égal au nombre des années écoulées depuis l'entrée en vigueur de la loi jusqu'à la soixantième année, à condition que lesdits assurés justifient qu'au 3 juillet 1911 ils étaient salariés depuis trois ans au moins.

26. En ce qui concerne les assurés *facultatifs*, il faut distinguer : a) pour les cultivateurs, artisans et petits patrons âgés de plus de trente-cinq ans au 3 juillet 1911, qui auront commencé leurs versements dès cette époque et qui faisaient partie depuis trois ans au moins de ces catégories d'intéressés, il est ajouté à la pension acquise résultant de leurs versements et de la majoration de moitié une bonification égale à la rente qu'eût produite un versement annuel de 12 francs depuis l'âge de trente-cinq ans jusqu'à celui qu'ils avaient au 4 juillet 1911, sans qu'en aucun cas cette bonification puisse s'appliquer à une période supérieure à vingt-cinq ans; — *b*) les métayers âgés de plus de trente-cinq ans au 3 juillet 1911 et les fermiers du même âge ne payant pas plus de 600 francs de fermage sont assimilés aux salariés de plus de trente ans (V. n° 25).

27. Si un assuré, qui a été admis au bénéfice de la période transitoire, soit en qualité d'assuré facultatif, soit en qualité d'assuré obligatoire, a appartenu successivement à ces deux catégories, il bénéficie exclusivement des avantages afférents au régime auquel il a le plus longtemps appartenu. En cas d'égalité, il est considéré comme ayant appartenu uniquement au régime de l'assurance obligatoire.

28. En vertu de l'art. 62 de la loi de finances du 27 févr. 1912, les modifications apportées par cette loi à la loi du 5 avr. 1910 sont entrées en vigueur le 1er août 1912; le bénéfice en a été étendu à partir de cette date aux retraites antérieurement liquidées. Cet article disposait, en outre, que les assurés visés aux art. 4, § 5 (V. n° 25), et 36, § 6, 7 et 8 (V. n° 26), qui se seraient fait inscrire avant le 3 juillet 1912, seraient autorisés à effectuer rétroactivement les versements réglementaires prévus pour bénéficier des avantages de la période transitoire. La loi du 11 juillet 1912 a prorogé le délai d'inscription jusqu'au 1er janvier 1913.

29. — **Organisation administrative du service des retraites. Listes d'assurés.** — Il est tenu, dans chaque commune, *deux listes* des personnes y résidant et appelées à bénéficier des assurances établies par la loi du 5 avr. 1910. Sur la première liste sont inscrites d'office toutes les personnes, françaises ou étrangères, faisant partie des catégories énumérées à l'art. 1er de ladite loi (assurances obligatoires). Sur la seconde liste sont inscrites les personnes françaises qui le demandent et qui justifient qu'elles font partie des catégories énumérées à l'art. 36 de la même loi (assurances facultatives). Le préfet peut diviser en plusieurs sections, pour l'établissement des listes, les communes où il juge cette mesure nécessaire. A Paris, il est établi une ou plusieurs sections dans chaque arrondissement municipal.

30. a) *Liste des assurés obligatoires.* — La *première liste* est préparée, chaque année, par une *commission* composée du maire et de deux membres que le conseil municipal choisit, l'un parmi les employeurs, l'autre parmi les salariés. Deux suppléants sont désignés dans les mêmes conditions. A défaut de désignation par le conseil municipal des deux membres titulaires et des deux suppléants, la désignation est faite par le préfet. — Dans les communes divisées en plusieurs sections par le préfet, chacune des commissions est présidée par un adjoint ou, à défaut, par un conseiller municipal que délègue le maire, ou le préfet si le maire ne procède pas à cette désignation. — Toutes les commissions siègent à la mairie, à moins que d'autres locaux n'aient été désignés comme siège de quelques-unes d'entre elles par l'arrêté préfectoral instituant le sectionnement.

31. Chaque année, dans la première quinzaine d'avril, la commission communale dresse une *liste provisoire* des personnes placées sous le régime de l'assurance obligatoire. Cette liste est tenue à la disposition du public au secrétariat de la mairie du 16 au 30 avril, et avis en est donné par voie d'affiches.

32. Aussitôt que la liste provisoire est établie, le maire fait remettre à chaque intéressé inscrit pour la première fois un bulletin qu'il est invité à remplir et à déposer dans la huitaine à

la mairie, dûment signé. Sur ce bulletin doivent être inscrits les nom, prénoms, nationalité, adresse, date et lieu de naissance de l'intéressé. Celui-ci indique également la caisse d'assurance dont il fait choix, faute de quoi son compte est ouvert d'office à la Caisse nationale des retraites pour la vieillesse (V. n° 43). Si l'intéressé demande la réserve du capital de ses versements au profit de ses ayants droit (V. n° 19), il en fait la déclaration expresse sur son bulletin : cette déclaration ne peut être faite que par les intéressés ayant atteint leur majorité. — La liste est rectifiée d'après les observations recueillies avant le 30 avril. Elle est transmise au préfet avant le 8 mai, avec les bulletins, les indications qu'il a été possible de réunir pour suppléer à l'absence de ceux de ces bulletins qui n'auraient pas été fournis et les demandes de rectifications auxquelles la commission locale n'a pas cru devoir donner suite. Une minute de la liste est conservée à la mairie.

33. Le préfet fait vérifier l'exactitude des indications fournies : ... d'après les relevés des registres de l'état civil pour les personnes nées dans son département, ... d'après les renseignements qui lui sont adressés sur sa demande par le préfet du lieu d'origine pour les autres personnes nées en France, ... et d'après les indications prescrites par la loi du 8 août 1893 pour les étrangers. Le maire provoque l'inscription sur la liste, par les soins du préfet, des personnes qui, postérieurement à la dernière revision, ont été reconnues faire partie des catégories d'assurés obligatoires énumérées à l'art. 1er de la loi du 5 avr. 1910. Le préfet arrête la liste avant le 31 mai et en envoie copie au maire. Le maire informe les habitants par voie d'affiches que la liste arrêtée par le préfet est tenue à leur disposition au secrétariat de la mairie.

34. b) *Liste des assurés facultatifs.* — La *seconde liste* (assurés facultatifs) est tenue constamment *ouverte*, pour chaque commune ou pour chaque section de commune, à la préfecture et à la mairie. Les demandes des personnes qui veulent y être inscrites sont déposées à la mairie, accompagnées : 1° d'un bulletin contenant les indications énoncées ci-dessus, n° 32; 2° des pièces justificatives établissant que le demandeur fait partie de l'une des catégories prévues à l'art. 36 de la loi du 5 avr. 1910. Le maire transmet, dans la quinzaine, la demande au préfet avec son avis. Dans la quinzaine qui suit cette transmission, le préfet, après vérification des mentions portées au bulletin, statue sur la suite que comporte la demande ou invite le maire à lui faire parvenir les justifications complémentaires qu'il juge nécessaires. Lorsque les justifications sont reconnues suffisantes par le préfet, l'inscription est faite sur les deux exemplaires de la liste tenus à la préfecture et à la mairie. Dans le cas contraire, avis est donné à l'intéressé, par le préfet, que son inscription sur la liste n'est pas admise, sauf à lui à se pourvoir contre cette décision.

35. — **Cartes d'identité et cartes annuelles.** — Chaque assuré reçoit gratuitement une carte personnelle d'identité, ainsi que des cartes annuelles destinées à l'apposition des timbres constatant les versements effectués. — La *carte d'identité* est établie par le préfet, conformément au modèle arrêté par le ministre du Travail. Elle contient l'indication des nom, prénoms, nationalité, date et lieu de naissance de l'assuré, ainsi qu'un numéro matricule. Elle est envoyée par le préfet au maire et remise par le maire à l'intéressé contre émargement sur un bordereau qui est conservé à la mairie. L'assuré doit conserver soigneusement sa carte d'identité. En cas de perte, un duplicata est délivré sur demande accompagnée d'un bulletin contenant les mêmes indications que le bulletin destiné à provoquer l'inscription sur la liste des assurés (V. n° 32).

36. La *carte annuelle* contient les mêmes indications que la carte d'identité et, en outre, la date de sa délivrance, l'adresse de l'assuré à cette date, la désignation de la caisse d'assurance où le compte de l'assuré est ouvert, la mention, s'il y a lieu, que les versements sont faits à capital réservé. La couleur de la carte diffère suivant que l'assuré est inscrit sur la liste des assurés obligatoires ou des assurés facultatifs. La première carte annuelle est délivrée de la même façon que la carte d'identité. Chaque année, une nouvelle carte annuelle est remise à l'assuré en échange de la carte périmée. En cas de perte, un duplicata est délivré sur demande accompagnée du bulletin de renseignements mentionné plus haut. Le préfet adresse à chaque assuré, dans les trois jours précédant ou suivant le jour anniversaire de sa naissance, par les soins du maire de sa résidence, une nouvelle carte annuelle en échange de la carte précédente. Toute carte délivrée moins de quatre mois avant l'anniversaire est conservée jusqu'à l'anniversaire suivant. Une *carte complémentaire* est délivrée au cours d'une année, en échange de la carte annuelle, à l'assuré qui justifie soit qu'il doit être reporté de la liste des assurés obligatoires sur celle des assurés facultatifs ou réciproquement, soit que la caisse d'assurance où son compte était ouvert a cessé de fonctionner, soit qu'il n'est plus employé dans aucun des établissements adhérents à la caisse patronale ou syndicale de retraites où son compte était ouvert (V. n° 41). — Une *feuille supplémentaire* est délivrée en cours d'année à tout assuré qui le demande à la mairie, en faisant constater qu'il n'y a plus sur sa carte de place libre pour apposer de nouveaux timbres.

37. — **Timbres-retraite.** — Le montant total du prélèvement sur le salaire de l'assuré et de la contribution patronale est représenté par un *timbre mobile* que *l'employeur* doit apposer sur la carte annuelle de l'assuré lors du payement du salaire. Les seuls timbres dont l'apposition sur les cartes entre en compte pour l'acquisition de la pension sont les timbres-retraite émis spécialement par le ministère du Travail. Les timbres-retraite sont mis en vente dans les bureaux de poste, les débits de tabac et les recettes buralistes. Des types spéciaux constatent : 1° les versements des assurés ; 2° les versements des employeurs ; 3° les versements mixtes, composés par moitié de sommes versées par les assurés et de sommes versées par les employeurs ; 4° les versements des propriétaires en cas d'assurance facultative des métayers.

38. — **Organismes admis à effectuer l'encaissement des versements.** — Les sociétés de secours mutuels, les caisses d'épargne ordinaires et les autres caisses prévues à l'art. 14 de la loi (V. n° 44) peuvent se charger de l'encaissement des versements obligatoires ou facultatifs de leurs adhérents, si ceux-ci en font la demande. Elles peuvent recevoir d'avance les versements obligatoires des assurés, à condition de les inscrire sur leurs cartes avec une mention spéciale.

39. Une *société* ou *union de sociétés de secours mutuels* fonctionnant dans les conditions de la loi du 1er avr. 1898, qui veut être admise à user de la faculté prévue ci-dessus, adresse au préfet du département dans lequel elle a son siège une demande signée par son président. Cette demande est accompagnée de pièces qu'énumère l'art. 31 du décret du 25 mars 1911. Il est remis récépissé à la société de la demande et des pièces annexées. Le préfet transmet le dossier avec ses observations au ministre du Travail. Il est statué sur la demande par les ministres du Travail et des Finances dans le délai de trois mois. L'assuré qui désire opérer ses versements obligatoires ou facultatifs à la société collectrice dont il est adhérent, en fait la déclaration écrite au président et désigne, parmi les caisses d'assurances indiquées par la société collectrice, celle à laquelle son compte individuel est ou doit être ouvert. — La société tient un compte des versements faits par chaque assuré. — Ces règles sont également applicables aux caisses de retraites des syndicats professionnels.

40. Toute *caisse d'épargne ordinaire* qui veut être admise à user de la faculté prévue par l'art. 3, § 5, de la loi du 5 avr. 1910, doit adresser au préfet du département dans lequel elle a son siège une demande signée de son président. Cette demande doit être accompagnée des pièces justificatives qu'énumère l'art. 42 du décret du 25 mars 1911. — L'art. 39 de la loi reconnaît à la *Caisse nationale d'épargne postale* la faculté de faire l'encaissement des cotisations des assurés. L'assuré qui désire opérer ses versements à cette Caisse doit faire sa déclaration au receveur du bureau de poste qu'il a choisi. — L'assuré qui a déclaré vouloir faire ses versements soit à la Caisse nationale d'épargne, soit à une caisse d'épargne ordinaire admise à effectuer les encaissements, peut demander par écrit que tout ou partie des fonds figurant à son livret soit employé par la caisse à ces versements.

41. Les employeurs et les salariés qui adhèrent à des *caisses patronales ou syndicales de retraites* ou à des *caisses de syndicats de garantie solidaire*, peuvent être dispensés, par le décret qui en autorise la constitution, des versements prévus par la loi des retraites, à la condition que les pensions auxquelles ils acquièrent droit soient au moins égales à celles qui seraient obtenues dans les mêmes périodes en vertu de la loi du 5 avr. 1910. Ils sont, en tous cas, dispensés des appositions de timbres-retraite sur les cartes annuelles.

42. — **Organismes chargés du service des retraites.** — Le service des retraites n'est pas confié par la loi du 5 avr. 1910 à une caisse unique, spécialement organisée à cet effet. Les comptes individuels des assurés sont ouverts, à leur choix, soit à la Caisse nationale des retraites pour la vieillesse, soit à des sociétés ou unions de sociétés de secours mutuels, préalablement agréées à cet effet par décret, soit à des caisses départementales ou régionales de retraites instituées par décret, soit à des caisses patronales ou syndicales de retraites, soit à des caisses de syndicats de garantie liant solidairement les patrons adhérents pour l'assurance de la retraite, soit, enfin, à des caisses de retraites de syndicats professionnels. Ces différentes caisses (à l'exception de la Caisse nationale des retraites) relèvent du ministre du Travail ; elles jouissent de la personnalité civile et sont soumises au contrôle financier du ministre des Finances.

43. La gestion financière des divers organismes visés ci-dessus est confiée à la Caisse des dépôts et consignations. Leurs fonds sont placés : 1° en valeurs de l'État ou jouissant de la garantie de l'État ; 2° en prêts aux départements, communes, colonies ou pays de protectorat, établissements publics, chambres de commerce et en obligations foncières ou communales du Crédit foncier ; 3° sur l'avis favorable du Conseil supérieur des retraites ouvrières et jusqu'à concurrence d'un quatre centième, en acquisitions de terrains incultes à reboiser ou de forêts existantes ; 4° sur le même avis favorable, et jusqu'à concurrence du dixième, en prêts aux institutions visées par l'art. 6 de la loi du 12 avr. 1906 et aux institutions de prévoyance et d'hygiène sociale reconnues d'utilité publique, ou en prêts hypothécaires sur habitations ouvrières ou jardins ouvriers, ainsi qu'en obligations de sociétés d'habitations à bon marché. — Les sommes non employées sont versées en compte courant au Trésor dans les limites d'un maximum et à un taux fixés annuellement par la loi de finances.

44. Toute société ou union de sociétés de secours mutuels, libre ou approuvée, préalablement agréée à cet effet par décret rendu sur la proposition du ministre du Travail et du ministre des Finances, est admise à assurer directement pour ses sociétaires les retraites prévues par la loi. Indépendamment de l'allocation forfaitaire par compte d'assuré pour frais d'administration (V. n° 46), les sociétés de secours mutuels qui font en même temps l'assurance-maladie reçoivent de l'Etat une allocation annuelle de 1 fr. 50 par adhérent assuré, qui est affectée à un dégrèvement de pareille somme sur la cotisation-maladie de l'assuré. — Les syndicats professionnels qui constituent une caisse d'assurance-maladie et une caisse d'invalidité et de retraites régies par la loi du 1er avr. 1898 bénéficient des mêmes avantages.

45. Les caisses départementales ou régionales, les caisses patronales ou syndicales, les caisses de syndicats de garantie solidaire et les caisses de syndicats professionnels sont soumises, en ce qui concerne notamment les cotisations et les placements de fonds, à des règles particulières qui sont déclarées applicables à chacune d'elles par le décret autorisant leur constitution.

46. Les dépenses d'administration ne sont pas supportées par les assujettis ; elles sont couvertes par une allocation forfaitaire de 1 franc par compte d'assuré ayant donné lieu dans l'année à des opérations de recettes ou de dépenses. Cette allocation est payée chaque année au moyen du fonds de réserve (V. n° 47).

47. — Fonds de réserve. — En vue d'alléger, dans une certaine mesure, la charge résultant pour l'Etat de l'application de la loi du 5 avr. 1910, cette loi a prévu la création d'un fonds de réserve alimenté : 1° par les versements prévus à l'art. 11 de la loi ; 2° par les amendes prévues à l'art. 23 et par les versements des greffes visés au même article ; 3° par les arrérages retenus aux rentiers en application de la prescription de cinq ans, conformément à l'art. 2277 du Code civil ; 4° par la portion non employée annuellement du revenu visé à l'art. 4 de la loi du 31 déc. 1895 (produit de la vente des joyaux de la Couronne); 5° par des dons et legs qui peuvent être faits à l'Etat avec affectation audit fonds. Ce fonds de réserve est déposé à la Caisse des dépôts et consignations. Les prélèvements sont effectués sur l'ordre du ministre du Travail. Ils servent surtout au payement de l'indemnité de 1 franc par compte individuel, accordée par l'art. 12 de la loi aux organismes qui se chargent de la constitution des retraites (V. n° 46).

48. — Liquidation de la retraite. — 1° *Retraite normale.* — L'assuré qui a atteint l'âge de la retraite doit faire une *demande de liquidation*. Cette demande, établie sur un modèle arrêté par le ministre du Travail, doit être déposée à la mairie de la résidence de l'assuré, en même temps que sa carte d'identité, sa carte annuelle et un

extrait de son acte de naissance. Il lui en est donné récépissé. Si l'assuré ne possède pas de carte pour l'année en cours, il joint à sa demande une pièce faisant connaître la caisse d'assurance à laquelle ont été effectués ses derniers versements. Les assurés qui désirent bénéficier des dispositions de la loi faisant entrer en ligne de compte, pour la détermination du montant de l'allocation viagère, les deux années de service militaire (V. n° 11), doivent joindre à leur demande la justification du service militaire obligatoire qu'ils ont effectué. Les métayers et fermiers qui désirent bénéficier des dispositions particulières aux assurés facultatifs de leur catégorie âgés de plus de trente-cinq ans au moment de la mise en vigueur de la loi doivent joindre à leur demande les certificats qui leur ont été délivrés. La demande des étrangers naturalisés doit être accompagnée d'un certificat constatant que la naturalisation a eu lieu avant l'âge de cinquante ans. — La demande est transmise par le maire au préfet, avec les pièces qui l'accompagnent, dans la semaine qui suit sa remise à la mairie.

49. 2° *Retraite anticipée d'invalidité.* — L'assuré qui invoque une incapacité absolue et permanente de travail pour obtenir la liquidation d'une retraite anticipée doit adresser sa demande au maire, dans les conditions prévues pour la demande de liquidation d'une retraite normale, en y joignant : 1° une déclaration rédigée sur un bulletin dont le modèle est arrêté par le ministre du Travail et faisant connaître la cause et la nature des blessures ou des infirmités dont l'assuré est atteint, les circonstances dans lesquelles sont survenues ces blessures ou infirmités, les noms et adresses des personnes pouvant, le cas échéant, témoigner de ces circonstances ; enfin, si l'assuré est un salarié, le nom et l'adresse de l'employeur chez lequel il travaillait en dernier lieu ; 2° un certificat du médecin traitant, indiquant la nature et les conséquences des blessures ou des infirmités ; 3° une attestation émanant de l'assuré et portant que l'incapacité dont il se prévaut n'a fait l'objet d'aucune déclaration ni d'aucune enquête par application de la loi du 9 avr. 1898 sur les accidents du travail. — Récépissé de la demande et des pièces qui l'accompagnent est remis par le maire à l'assuré. Dans les trois jours, le maire transmet au préfet la demande ainsi que les pièces produites à l'appui ; il y joint ses observations.

50. — Tarifs des retraites. — Le tarif des retraites est calculé, pour chacune des caisses admises à servir les retraites dans les conditions déterminées par un règlement d'administration publique, d'après le taux d'intérêt du placement des capitaux provenant des versements ouvriers et des contributions patronales. Provisoirement, il doit être calculé d'après la table de mortalité de la Caisse nationale des retraites pour la vieillesse, jusqu'à ce que l'on ait établi par décret : 1° de nouvelles tables de mortalité pour les retraites de vieillesse ; 2° des tables de mortalité spéciales pour la liquidation des retraites anticipées d'invalidité. — Lorsque la retraite en cours d'acquisition dépasse 180 francs, la valeur en capital du surplus peut être affectée soit à une assurance en cas de décès, soit à l'achat d'une terre ou d'une habitation qui deviendra insaisissable, dans les conditions déterminées par la législation sur la constitution d'un bien de famille insaisissable. — Le décret du 25 mars 1911 a déterminé la façon dont les tarifs doivent être calculés, en tenant compte : 1° de l'intérêt composé du capital ; 2° des chances de mortalité, calculées provisoirement d'après la table de mortalité de la Caisse nationale des retraites pour la vieillesse, et ultérieurement d'après les tables spéciales qui seront établies ; 3° du remboursement des versements personnels de l'assuré à son décès, si l'assuré a stipulé ce remboursement.

51. — Payement de la retraite. — Les allocations viagères et les bonifications annuelles sont payées aux mêmes dates et dans les mêmes conditions que les arrérages des retraites. — Aucune caisse d'assurance ne peut obtenir l'autorisation ou l'agrément prévu par la loi si elle ne s'engage à payer aux assurés, sous sa responsabilité, les arrérages de l'allocation viagère et de la bonification, en même temps que ceux de leur retraite. — A cet effet, le ministre du Travail notifie à la caisse, en même temps qu'à l'assuré, le montant de l'allocation viagère et de la bonification due à celui-ci. Les arrérages des pensions de retraite, des allocations viagères et des bonifications sont payés trimestriellement et à terme échu, les 1er février, 1er mai, 1er août, 1er novembre, aux endroits et dans les formes prévus aux règlements de chaque caisse. Le payement est fait sur la production d'un seul certificat de vie, quel que soit le nombre de trimestres échus à la date de ce certificat. Le certificat de vie est délivré par le maire de la résidence du rentier ou par un notaire.

52. — Remboursement des capitaux réservés. — Les capitaux dont la réserve a été stipulée au profit des ayants droit (V. n° 19) sont remboursés sans intérêts, sur la production de la carte d'identité de l'assuré ou d'un acte de notoriété, d'un extrait de l'acte de décès et d'un certificat de propriété délivré dans les formes et suivant les règles prescrites par l'art. 6 de la loi du 28 floréal an 8. — Le préfet du département où l'assuré décédé se trouvait lorsque sa pension a été liquidée fournit aux ayants droit, sur leur demande, la liste des caisses d'assurance dans lesquelles l'assuré décédé a stipulé une réserve de capital. Si la pension n'est pas encore liquidée, la même liste est fournie aux intéressés par le préfet du département où a été délivrée la dernière carte annuelle.

53. — Payement des allocations en cas de décès. — Les demandes d'allocations en cas de décès prévues par la loi sont déposées à la mairie de la résidence de l'assuré décédé ou de ses ayants droit. Les demandes doivent être appuyées : 1° d'un bulletin de décès ; 2° d'un certificat du maire de la résidence de l'assuré décédé ou d'un acte de notoriété faisant connaître la situation de famille du défunt ainsi que les noms, prénoms, dates de naissance et résidences des bénéficiaires et, le cas échéant, les nom, prénoms et domicile du tuteur des bénéficiaires mineurs ; 3° de la carte d'identité de l'assuré et de sa carte annuelle en cours ; 4° dans le cas prévu au paragraphe 5 de l'art. 6 de la loi du 5 avr. 1910, d'un certificat constatant que la naturalisation des ayants droit a eu lieu dans le délai spécifié. — Le maire délivre un récépissé des demandes d'allocations en cas de décès et les transmet d'urgence au préfet. — A défaut de tuteur, le juge de paix du lieu de l'ouverture de la tutelle doit, soit d'office, soit à la diligence de toute personne, former la demande d'allocation et désigner le bureau d'assistance du domicile de l'un des ayants droit pour encaisser, au lieu et place du tuteur, le montant des allocations et l'employer au mieux des intérêts des mineurs.

54. — Cumul des retraites ouvrières et paysannes avec d'autres retraites ou allocations. — Un salarié qui a effectué les versements prévus par la loi du 5 avr. 1910 peut, d'autre part, comme adhérent à une société de secours mutuels, se constituer auprès de cette société une seconde pension qui sera liquidée conformément à la loi du 1er avril 1898. Pareillement, un assuré de la loi des retraites, à quelque caisse qu'il soit affilié, peut se faire ouvrir à la Caisse nationale des retraites pour la vieillesse un compte de retraite dans les conditions de la loi du 20 juill. 1886. Ces personnes conservent, par ailleurs, le bénéfice des majorations et bonifications de l'Etat prévues par la loi du 31 déc. 1895.

55. D'autre part, la retraite constituée en vertu de la loi du 5 avr. 1910 peut être cumulée avec les allocations de la loi sur l'assistance aux vieillards, infirmes, etc. Les assurés obligatoires gardent les avantages prévus par l'art. 20 de cette loi. La retraite acquise par les versements des salariés et les contributions patronales est considérée comme provenant de l'épargne, la rente étant calculée à cet effet comme si tous les versements avaient été effectués à capital aliéné. Les mêmes avantages sont étendus aux assurés facultatifs qui, depuis la mise en vigueur de la loi ou depuis l'âge de dix-huit ans, ont chaque année versé une contribution minimum de 9 francs.

56. — Incessibilité et insaisissabilité de la retraite. — Les retraites et allocations acquises en vertu de la loi du 5 avr. 1910 sont incessibles et insaisissables, si ce n'est au profit des établissements publics hospitaliers pour le payement du prix de journées du bénéficiaire de la retraite admis à l'hospitalisation.

57. — Immunités fiscales. — Instances en justice. — Les certificats, actes de notoriété et toutes autres pièces exclusivement relatives à l'exécution de la loi sont délivrés gratuitement et dispensés des droits de timbre et d'enregistrement. — Pour les différends qui naîtraient de l'exécution de la loi et qui seraient déférés aux tribunaux civils, il est procédé comme en matière sommaire et statué d'urgence. Les bénéficiaires de la loi obtiennent de plein droit l'assistance judiciaire devant la juridiction de premier degré. — Les recours au Conseil d'Etat contre les arrêtés ministériels statuant sur les réclamations relatives aux allocations prévues par la loi sont dispensés du ministère d'avocat et ont lieu sans frais.

58. — Infractions. Pénalités. — L'employeur ou l'assuré par la faute duquel l'apposition des timbres prescrite par la loi n'a pas eu lieu, est passible d'une amende égale aux versements omis, prononcée, quel qu'en soit le chiffre, par le juge de simple police, sans préjudice de la condamnation, par le même jugement, au payement de la somme représentant les versements à sa charge et qui est portée au compte individuel de l'assuré. L'amende est versée au fonds de réserve. — Sont passibles d'une amende de 100 à 2 000 francs et d'un emprisonnement de cinq jours à deux mois : les administrateurs, directeurs ou gérants de toutes sociétés ou institutions recevant, sans avoir été dûment autorisés, les versements visés par la loi ; les administrateurs, directeurs ou gérants qui se sont rendus coupables de fraude ou de fausse déclaration intentionnelle dans l'encaissement ou la gestion ; l'assuré ou toute personne qui a fait disparaître des cartes annuelles les timbres qui y étaient dûment apposés.

59. — Statistique. — Conseil supérieur des retraites ouvrières. — Office national. — Le ministre du Travail établit la statistique de toutes les opérations effectuées en exécution de la loi du 5 avr. 1910 et en résume les résultats dans un rapport annuel adressé au Président de la République. Ce rapport est publié au *Journal officiel*. — Il est formé, auprès du ministre du Travail, et sous sa présidence, un Conseil supérieur des retraites ouvrières, chargé de l'examen de toutes les questions se rattachant au fonctionnement de la loi, composé de vingt-six membres (sénateurs, députés, conseillers d'État, délégués du conseil supérieur des sociétés de secours mutuels, de la commission supérieure des caisses d'épargne, du conseil supérieur du travail, du conseil supérieur du commerce et de l'industrie, etc.). Le Conseil compte, en outre, des membres de droit. Il se réunit au moins une fois par semestre et nomme une section permanente ayant pour mission de donner son avis sur les questions qui lui sont renvoyées, soit par le conseil supérieur, soit par le ministre du Travail. — Un décret du 16 juill. 1910 a institué un *Office national des retraites ouvrières et paysannes*.

REVISION

10 *bis.* La loi du 4 mars 1909, en abrogeant la loi du 1er mars 1899, a remis en vigueur les deux premiers paragraphes de l'art. 445 C. instr. crim., tels qu'ils résultent de la loi du 8 juin 1895. D'après ces dispositions, en cas de recevabilité de la demande en revision, si l'affaire n'est pas en état, la Cour de cassation procède directement ou par commission rogatoire à toutes enquêtes sur le fond, confrontations, reconnaissances d'identité, interrogatoires et moyens propres à mettre la vérité en évidence. Si l'affaire est en état, et que la cour reconnaît qu'il peut être procédé à de nouveaux débats contradictoires, elle annule les jugements ou arrêts et tous actes qui font obstacle à la revision ; elle fixe les questions qui doivent être posées et renvoie les accusés ou prévenus, selon les cas, devant une cour ou un tribunal autres que ceux qui ont primitivement connu de l'affaire.

· · · · · · · · · · · · · · · · · ·

S

SAISIE IMMOBILIÈRE

12 *bis.* La loi du 12 juill. 1909 a créé, sous le nom de *biens de famille*, une nouvelle catégorie de biens insaisissables (V. Addit., *Bien de famille*).

· · · · · · · · · · · · · · · · · ·

SALUBRITÉ PUBLIQUE

5 *bis.* Une loi du 6 avr. 1910 a interdit la vente et l'importation du *biberon à tube*, sous peine d'une amende de 25 à 100 francs et, en cas de récidive, d'un emprisonnement de huit jours à un mois. La confiscation peut être prononcée par les tribunaux.
5 *ter.* Les communes de moins de 20 000 habitants peuvent être autorisées par le ministre de l'Intérieur, sur l'avis conforme du comité supérieur d'hygiène, à avoir un service autonome de désinfection (L. 16 juill. 1913)

23 *bis.* Le service départemental des épizooties a été organisé par la loi du 12 janv. 1909 et par le décret du 3 avr. 1909. Ce service comprend un vétérinaire départemental placé sous les ordres directs du préfet, et autant de vétérinaires sanitaires que les besoins l'exigent. — Les vétérinaires départementaux sont nommés par le ministre de l'Agriculture. Leurs fonctions sont incompatibles avec tout autre emploi public ou privé, avec l'exercice d'une profession soumise à la patente et avec un mandat électif.

· · · · · · · · · · · · · · · · · ·

SCELLÉS ET INVENTAIRES

6 *bis.* En cas d'empêchement ou d'urgence, le juge de paix peut déléguer le greffier pour des opérations de scellés. Cette délégation n'est susceptible d'aucun recours et est affranchie de l'enregistrement (C. pr. civ., art. 907, complété par la loi du 2 juill. 1909).

· · · · · · · · · · · · · · · · · ·

SECTIONS SPÉCIALES. — V. Addit., *Recrutement de l'armée.*

SÉPARATION DE CORPS

4 *bis.* La loi du 14 juill. 1909 a décidé que les dispositions de l'art. 247 C. civ. concernant les insertions dans les journaux, qui peuvent être prescrites en cas de défaut du défendeur, et la publication de la décision qui a prononcé le divorce par défaut, sont applicables à la procédure de séparation de corps.

· · · · · · · · · · · · · · · · · ·

SOCIÉTÉ ANONYME

41 *bis.* Ligne 17, *après les mots :* société anonyme, *ajouter :* et de l'énonciation du montant du capital social.

· · · · · · · · · · · · · · · · · ·

SOCIÉTÉ D'ÉPARGNE

Loi du 3 juill. 1913.

1. Les sociétés d'épargne sont, aux termes de l'art. 1 de la loi du 3 juill. 1913, les sociétés ou entreprises de toute nature, françaises ou étrangères, qui, sous quelque dénomination que ce soit, ont pour objet de réunir et de capitaliser en commun les épargnes de leurs adhérents sans prendre à leur égard d'engagements déterminés. Les sociétés de capitalisation, au contraire, prennent des engagements envers leurs adhérents (V. Petit Dictionnaire, v° *Société de capitalisation*). — La loi du 3 juill. 1913 règle la situation juridique des sociétés d'épargne et organise leur contrôle.

2. Il est interdit à ces sociétés de stipuler ou de réaliser aucune espèce de répartition par voie de tirage au sort, à moins que le tirage ait exclusivement pour objet de déterminer entre les ayants droit des attributions ou des priorités d'attribution ne réalisant au profit des attributaires aucun avantage particulier.

3. Les sociétés d'épargne doivent, préalablement à toute opération, déposer en triple exemplaire, à la préfecture ou à la sous-préfecture, leurs statuts et les noms, domiciles et professions de ceux qui, à un titre quelconque, sont chargés de leur administration et de leur direction. Les sociétés ainsi rendues publiques peuvent ester en justice, acquérir et aliéner à titre onéreux et effectuer tous les actes de gestion prévus par leurs statuts et conformes à leur objet.

4. Ces sociétés doivent spécifier dans leurs contrats et leurs statuts : 1° leur objet, leur titre et leur siège ; 2° la composition et les pouvoirs du conseil d'administration ; 3° la limitation, en proportion des versements, des sommes à prélever pour le fonctionnement de la société ; 4° les conditions de déchéance opposables aux souscripteurs ; 5° la quotité maximum que peuvent atteindre, le cas échéant, les retenues en cas de déchéance ; 6° la substitution de plein droit de tous les héritiers de titulaires de contrats nominatifs auxdits titulaires, ainsi que l'interdiction pour la société de stipuler à leur décès aucun versement supplémentaire ou aucune retenue spéciale ; 7° la durée de capitalisation de chaque contrat, sans que cette durée puisse excéder vingt-cinq ans du premier versement effectué jusqu'à l'achèvement de la répartition ; 8° l'emploi obligatoire du produit intégral des amendes et, s'il en existe, des droits d'entrée à la capitalisation en commun ; 9° la quotité ou la proportion maximum des disponibilités à conserver en caisse avant placement.

5. Les sociétés qui ne sont point administrées et dirigées gratuitement, ou qui comportent, sous une forme quelconque, une rémunération relative à la constitution ou à la gestion de la société, celles qui ne répartissent le produit intégral de la capitalisation que dans un délai supérieur à quinze années à compter du premier versement, sont soumises à l'enregistrement préalable et au contrôle du ministre du Travail, dans les conditions prévues par les art. 2 et 3 de la loi du 19 déc. 1907.

STATION CLIMATIQUE. — V. Addit., *Eaux minérales.*

STATION HYDROMINÉRALE. — V. Addit., *Eaux minérales.*

SUCCESSION

101 *bis.* — XIX. Enregistrement. Droits de mutation par décès. Tarifs. — Aux termes de l'art. 10 de la loi du budget du 8 avr. 1910, les droits de mutation par décès sont fixés aux taux ci-après, sans addition d'aucun décime, pour la part nette recueillie par chaque ayant droit.

INDICATION des DEGRÉS DE PARENTÉ	TARIF APPLICABLE A LA FRACTION DE PART NETTE COMPRISE ENTRE											
	1 fr. et 2 000 fr.	2 001 et 10 000 fr.	10 001 et 50 000 fr.	50 001 et 100 000 fr.	100 001 et 250 000 fr.	250 001 et 500 000 fr.	500 001 et 1 000 000 de fr.	1 000 001 et 2 000 000 de fr.	2 000 001 et 5 000 000 de fr.	5 000 001 et 10 000 000 de fr.	10 000 001 et 50 000 000 de fr.	Au delà de 50 000 000 de fr.
	P. 100	P. 100	P. 100	P. 100	P. 100	P. 100	P. 100	P. 100	P. 100	P. 100	P. 100	P. 100
1° En ligne directe, au premier degré.....	1 »	1 50	2 »	2 50	3 »	3 50	4 »	4 50	5 »	5 50	6 »	6 50
2° En ligne directe, au second degré......	1 50	2 »	2 50	3 »	3 50	4 »	4 50	5 »	5 50	6 »	6 50	7 »
3° En ligne directe, au delà du second degré..............	2 »	2 50	3 »	3 50	4 »	4 50	5 »	5 50	6 »	6 50	7 »	7 50
4° Entre époux......	4 »	4 75	5 50	6 25	7 »	7 75	8 50	9 25	10 »	10 75	11 50	12 25
5° Entre frères et sœurs	10 »	10 75	11 50	12 25	13 »	13 75	14 50	15 25	16 »	16 75	17 50	18 25
6° Entre oncles ou tantes et neveux ou nièces...........	12 »	13 »	14 »	15 »	16 »	17 »	18 »	19 »	20 »	21 »	22 »	23 »
7° Entre grands-oncles ou grand'tantes, petits-neveux ou petites-nièces et entre cousins germains..	15 »	16 »	17 »	18 »	19 »	20 »	21 »	22 »	23 »	24 »	25 »	26 »
8° Entre parents au delà du quatrième degré et entre personnes non parentes	18 »	19 »	20 »	21 »	22 »	23 »	24 »	25 »	26 »	27 »	28 »	29 »

102 *bis.* En prenant pour exemple une part nette de 300 000 francs, les droits en ligne directe se liquideront comme il suit, conformément aux tarifs nouveaux établis par la loi du 8 avr. 1910.

à 1 fr. » p. 100 sur 2000 fr. . . .	20 fr.
à 1 fr. 50 p. 100 sur 8000 fr. . . .	120 fr.
à 2 fr. » p. 100 sur 40000 fr. . . .	800 fr.
à 2 fr. 50 p. 100 sur 50000 fr. . . .	1250 fr.
à 3 fr. » p. 100 sur 150000 fr. . . .	4500 fr.
à 3 fr. 50 p. 100 sur 50000 fr. . . .	1750 fr.
Totaux. . . 300 000 fr.	8440 fr.

109 *bis.* Aux termes de l'art. 12 de la loi du budget du 8 avr. 1910, les héritiers, donataires ou légataires qui n'auront pas fait, dans les délais prescrits, les déclarations des biens à eux transmis par décès, payeront, à titre d'amende, 1,50 p. 100, par mois ou fraction de mois de retard, du droit qui sera dû pour la mutation. Toutefois, cette amende ne sera que de 0,50 p. 100 pour le premier mois et de 1 franc p. 100 pour chacun des cinq mois suivants. Elle ne pourra excéder en totalité la moitié du droit simple qui sera dû pour la mutation.

121 *bis.* Sur le payement fractionné des droits de mutation par décès, V. Addit., *Enregistrement*, n° 33 *bis.*

T

TAXE DES LETTRES. — V. Addit., *Postes, télégraphes, téléphones.*

TIMBRE

34 *bis.* Sont exempts du droit de timbre de 10 centimes les écrits ayant pour objet soit la reprise des marchandises livrées à condition ou des enveloppes et récipients ayant servi à des livraisons, soit la déduction de la valeur des mêmes enveloppes ou récipients, que cette reprise ou cette déduction soit constatée par des pièces distinctes ou par des mentions inscrites sur les factures (Loi du 8 avr. 1910, art. 24, modifié par la loi du 13 juill. 1911, art. 9).

TRANSPARENT LUMINEUX. — V. Addit., *Affiche.*

TRAVAIL

1 *bis.* L'organisation et le fonctionnement des conseils consultatifs du travail ont été réglés par le décret du 10 mai 1909 portant règlement d'administration publique pour l'exécution de la loi du 17 juill. 1908. — La loi du 8 avr. 1910 a rendu obligatoires pour les communes où ils sont établis la fourniture, le chauffage et l'éclairage des locaux nécessaires à la tenue des conseils consultatifs du travail. Les frais d'élection et de bureau sont à la charge des communes comprises dans la circonscription du conseil; ils sont répartis entre elles proportionnellement au nombre des électeurs inscrits dans chacune d'elles (art. 100).

37 *bis.* — II. Police du travail. — 2° *Travaux auxquels s'applique la loi de 1892.* — La loi du 30 avr. 1909 a prévu l'extension, aux femmes et aux enfants employés dans les établissements *commerciaux*, des dispositions protectrices de la loi du 2 nov. 1892. Elle décide que, pour tous les établissements désignés à l'art. 1er de la loi du 12 juin 1893 (modifié par la loi du 11 juill. 1903), les différents genres de travail présentant des causes de danger ou excédant les forces, ou dangereux pour la moralité, qui seront interdits aux enfants de moins de dix-huit ans et aux femmes, seront déterminés par des règlements d'administration publique, rendus après avis de la commission supérieure du travail et du comité consultatif des arts et manufactures.

51 *bis.* Le décret du 21 juin 1913 a réglementé l'emploi des enfants et des femmes aux étalages extérieurs des boutiques et magasins (*Bull. Dalloz* 1913, p. 305).

TRAVAUX PUBLICS

4 *bis.* La loi du 8 avr. 1910 a décidé la création, au ministère des Travaux publics, d'un Office national du tourisme (art. 123).

TRÉSOR PUBLIC

29 *bis.* Le traitement fixe des trésoriers-payeurs généraux a été porté à 12 000 francs par le décret du 6 janv. 1909. L'art. 29 de la loi du 27 févr. 1912 a limité à 40 000 francs le produit net annuel des trésoreries générales. Les remises et commissions excédant ce chiffre doivent être reversées au Trésor. A titre transitoire cette disposition n'est applicable qu'en cas de mutation aux trésoriers-payeurs généraux en fonctions à la date du 1er oct. 1911.

TRIBUNAL CIVIL D'ARRONDISSEMENT

7 *bis.* Les vacances annuelles des cours d'appel et des tribunaux ont été fixées du 1er août au 1er octobre par un décret du 29 mai 1910.

ADDITIONS

TRIBUNAL DE POLICE CORRECTIONNELLE

22 *bis.* Doivent également être mis en liberté, nonobstant appel, immédiatement après le jugement, le prévenu condamné soit à l'emprisonnement avec sursis, soit à l'amende, et aussitôt après l'accomplissement de sa peine, le prévenu condamné à une peine d'emprisonnement qui se trouve accomplie avant l'expiration du délai d'appel du procureur général (Loi du 13 juill. 1909, modifiant l'art. 206 du Code d'instr. crim.).

TRIBUNAUX POUR ENFANTS ET ADOLESCENTS. — V. Addit., *Instruction criminelle.*

U

USAGES FORESTIERS

33 *bis.* — VI. **Affouage communal.** — Le conseil municipal peut aussi décider la vente de l'affouage au profit des affouagistes (Loi du 8 avr. 1910, art. 121).

38 *bis.* En vertu de la jurisprudence actuellement établie du Tribunal des conflits et du Conseil d'Etat, c'est au conseil de préfecture qu'il appartient de connaître des conditions d'aptitude personnelle en matière d'affouage établies par l'art. 105 C. for., notamment des questions de domicile, de qualité de chef de famille ou de ménage.

V

VACANCES JUDICIAIRES. — V. Addit., *Tribunal civil d'arrondissement.*

VAGABONDAGE-MENDICITÉ

7 *bis.* Aux termes de la loi du 16 juill. 1912, les *nomades*, c'est-à-dire les individus, quelle que soit leur nationalité, qui circulent en France sans domicile ni résidence fixe et qui ne rentrent dans aucune des catégories prévues par les art. 1er et 2 de ladite loi (V. Add., *Industrie-commerce*, n° 28 *bis*), même s'ils ont des ressources ou prétendent exercer une profession, doivent se munir d'un *carnet anthropométrique d'identité* qui leur est délivré par les préfets ou les sous-préfets et qu'ils doivent présenter à fin de visa au commissaire de police, sinon au commandant de la gendarmerie, à leur arrivée dans toute commune où ils veulent séjourner et à leur départ de cette commune. Ils sont tenus, en outre, de le représenter à toute réquisition des officiers de police judiciaire ou des agents de la force ou de l'autorité publique, sous peine de se voir appliquer les pénalités édictées contre le vagabondage. L'exécution de la loi du 16 juill. 1912 a été réglementée par un décret du 16 févr. 1913 (*Bull. Dalloz*, 1913, p. 106).

VALEURS MOBILIÈRES

15 *bis.* La loi du 8 févr. 1902, qui a modifié celle du 15 juin 1872 sur les titres au porteur, a été rendue applicable dans les colonies françaises par une loi du 22 févr. 1912.

37 *bis.* L'art. 12 de la loi de finances du 13 juill. 1911 frappe d'une taxe annuelle, dont un règlement d'administration publique fixera le mode d'établissement et de perception, les bénéfices qui, par suite de dispositions statutaires, sont distribués aux membres des conseils d'administration des sociétés, compagnies et entreprises désignées à l'art. 1er de la loi du 29 juin 1872.

41 *bis.* Le droit de timbre au comptant des titres étrangers a été fixé à 3 p. 100 à partir du 1er août 1913 par l'art. 13 de la loi du 30 juill. 1913.

VENTE

17 *bis.* Toute opération d'achat ou de vente de marchandises à terme ou à livrer, traitée aux conditions des règlements établis dans les bourses de commerce et de nature à être inscrite au répertoire dont la tenue est prescrite aux courtiers, commissionnaires, etc. (V. Addit., *Courtier*, n° 19 *bis*), est assujettie à un droit de statistique de 2 centimes par 5 quintaux ou 5 hectolitres. Ce droit est réduit à 1 centime pour les marchandises et denrées dont la moyenne des cours pratiqués pendant les cinq dernières années est inférieure à 40 francs par quintal ou hectolitre. Le droit est dû pour chaque achat et pour chaque vente. Il n'est pas soumis aux décimes (L. 27 févr. 1912, art. 9).

V. Addit., *Fonds de commerce.*

VENTE DE SUBSTANCES FALSIFIÉES

15 *bis.* Sont punissables ceux qui exposent, mettent en vente ou vendent, connaissant leur destination, des produits propres à effectuer la falsification des denrées servant à l'alimentation de l'homme ou des animaux, des boissons ou des produits agricoles ou naturels, et ceux qui provoquent à leur emploi par le moyen de brochures, circulaires, prospectus, affiches, annonces ou instructions quelconques (L. 1er août 1905, art. 3-5° mod. par L. 28 juill. 1912).

18 *bis.* Ligne 13 *lire :* soit de produits propres à effectuer la falsification des denrées servant à l'alimentation de l'homme ou des animaux, des boissons ou des produits agricoles ou naturels (L. 1er août 1905, art. 4, § 6, mod. par L. 28 juill. 1912).

18 *ter.* Tombent également sous les mêmes peines tous vendeurs ou détenteurs de produits destinés à la préparation ou à la conservation des boissons qui ne porteront pas sur une étiquette l'indication des éléments entrant dans leur composition et la proportion de ceux de ces éléments dont l'emploi n'est admis par les lois et règlements en vigueur qu'à doses limitées (L. 1er août 1905, art. 4, mod. par L. 28 juill. 1912).

19 *bis.* Sont punissables ceux qui, sans motifs légitimes, sont trouvés détenteurs des produits visés par la loi dans leurs magasins, boutiques, maisons ou voitures servant à leur commerce, dans leurs ateliers, chais, étables, lieux de fabrication contenant ces produits en vue de la vente, ainsi que dans les entrepôts, abattoirs et leurs dépendances, dans les gares, dans les halles, foires et marchés (L. 1er août 1905, art. 4, § 2, mod. par L. 28 juill. 1912).

28 *bis.* La loi du 5 août 1908, art. 1er, complétant l'art. 11-2° de la loi du 1er août 1905, a confié au Gouvernement le soin de statuer par des règlements d'administration publique : ... sur la définition et la dénomination des boissons, denrées et produits, conformément aux usages commerciaux, les traitements licites dont ils peuvent être l'objet en vue de leur bonne fabrication ou de leur conservation, les caractères qui les rendent impropres à la consommation, la *délimitation des régions* pouvant prétendre exclusivement aux appellations de provenance des produits. Cette délimitation doit être faite en prenant pour base les usages locaux constants. — En exécution de cette disposition, des décrets en date des 17 déc. 1908, 1er et 25 mai 1909, 17 juin 1911 ont délimité les régions ayant pour leurs vins et leurs eaux-de-vie un droit exclusif aux dénominations respectives de « champagne », « cognac », « armagnac », « bordeaux » et « banyuls ». — En vue de rendre effective la délimitation de la Champagne et de garantir l'origine des vins de ce cru, une loi du 10 févr. 1911 a prévu, en outre, un certain nombre de mesures spéciales.

37 *bis.* L'art. 4 de la loi du 29 juin 1907 a été abrogé et remplacé par une disposition nouvelle en vertu de l'art. 4 de la loi du 28 juill. 1912.

VOIES PRIVÉES. — V. Addit., *Voirie.*

VOIRIE

127 *bis.* Une loi du 22 juill. 1912 a rendu applicables aux *voies privées* les lois et règlements relatifs à l'hygiène des voies publiques et des maisons riveraines de ces voies, notamment en ce qui concerne l'écoulement des eaux usées et des vidanges et l'alimentation en eau. Elle institue une servitude légale frappant toutes les parties d'une voie privée dans laquelle doit être établi un égout ou une canalisation d'eaux.— Pour l'exécution de tous travaux intéressant l'ensemble de la voie, les propriétaires de toute voie privée et les propriétaires des immeubles riverains sont tenus de se constituer en syndicat.

VOITURE

28 *bis.* — VII. Impôts sur les voitures publiques. — Les voitures à service régulier sont, sur la demande de l'entrepreneur, traitées comme voitures partant d'occasion ou à volonté, quel que soit leur parcours (Loi du 8 avr. 1910, art. 33).

30 *bis.* Les droits ont été fixés pour les voitures automobiles, d'occasion ou à volonté, par la loi du 8 avr. 1910, art. 32, aux taux suivants : par voiture à une ou deux places, 60 francs; à trois places, 90 francs; à quatre places, 120 francs: à cinq places, 150 francs; à six, sept et huit places, 180 francs. Les voitures automobiles ayant plus de huit places restent imposées au tarif des voitures non automobiles.

V. Addit., *Impôts directs, Réquisitions militaires.*

W

WARRANTS ET RÉCÉPISSÉS

27-1º. — *Warrant-hôtelier.* — Aux termes de la loi du 8 août 1913, tout exploitant d'hôtel à voyageurs peut emprunter, sur le mobilier commercial, le matériel ou l'outillage servant à son exploitation, tout en en conservant la garde dans les locaux de l'hôtel, à la condition que ces objets ne soient pas immeubles par destination. Les objets servant de garantie à la créance restent, jusqu'au remboursement des sommes empruntées, le gage du prêteur et de ses ayants droit. L'emprunteur en est responsable sans aucune indemnité opposable au prêteur ou à ses ayants droit. Certaines dispositions doivent être prises vis-à-vis de son bailleur par l'hôtelier non-propriétaire (art. 2).

27-2º. La constitution de gage est inscrite sur un registre à souche, tenu au greffe du tribunal de commerce dans le ressort duquel l'hôtel est exploité. Le warrant est délivré par le greffier. L'emprunteur qui le reçoit donne décharge de la remise du titre en apposant sa signature avec sa date sur le registre. Il ne peut être délivré qu'un seul warrant pour les mêmes objets. Le warrant est transféré par l'emprunteur au prêteur par voie d'endossement daté et signé. Le prêteur doit, dans un délai de cinq jours, faire transcrire sur le registre le premier endossement.

27-3º. Le warrant est transmissible par voie d'endossement. Tous ceux qui ont signé ou endossé un warrant sont tenus à la garantie solidaire envers le porteur. En principe, l'escompteur et les réescompteurs sont tenus d'aviser, dans les huit jours, le greffier du tribunal de commerce par pli recommandé ; toutefois, l'emprunteur peut, par une mention spéciale inscrite sur le warrant, les dispenser de donner cet avis. Le greffier est tenu de délivrer à tout prêteur qui le demande un état des warrants inscrits pendant les cinq dernières années ou un certificat établissant qu'il n'existe aucune inscription de warrant.

Il est tenu de faire la même délivrance à tout hôtelier ressortissant à son greffe, sur sa demande, mais seulement en ce qui concerne le fonds exploité par lui.

27-4º. La radiation de l'inscription est opérée sur la justification soit du remboursement de la créance garantie par le warrant, soit d'une mainlevée régulière. En outre, l'inscription est radiée d'office après cinq ans, si elle n'a pas été renouvelée avant l'expiration de ce délai.

27-5º. L'emprunteur conserve le droit de vendre les objets warrantés à l'amiable et avant le payement de la créance, même sans le concours du prêteur ; mais leur tradition à l'acquéreur ne peut être opérée qu'après désintéressement du créancier. — L'emprunteur, même avant l'échéance, peut rembourser la créance garantie par le warrant. En ce cas, il bénéficie des intérêts qui restaient à courir jusqu'à l'échéance, déduction faite d'un délai de dix jours.

27-6º. Le porteur de warrant doit réclamer à l'emprunteur payement de sa créance échue et, à défaut de ce payement, réitérer sa réclamation par lettre recommandée. Faute de payement à l'échéance il a, pour la réalisation du gage, les droits que confèrent aux créanciers privilégiés ou garantis par un nantissement les art. 16 à 23 de la loi du 17 mars 1909 (V. Addit., *Nantissement,* nº 30 *bis*). Toutefois le bailleur peut exercer son privilège jusqu'à concurrence de six mois de loyer, non compris les loyers en cours et les loyers d'avance visés par l'art. 2 de la loi du 8 août 1913. Il est payé directement sur le prix de vente par privilège et de préférence à tous créanciers et sans autre déduction que celle des contributions directes et des frais de vente et sans autre formalité qu'une ordonnance du président du tribunal de commerce.

. . . .

30 *bis.* — 3º *Warrant-hôtelier.* — La loi du 8 août 1913 accorde les mêmes dispenses que celle du 30 avr. 1906. . . . .

36472. — Imprimerie de la Jurisprudence générale Dalloz.